**아침 7시에 여는 옷가게**

# 아침 7시에 여는 옷가게

캐나다에서
자영업자로
살기

성우제 지음

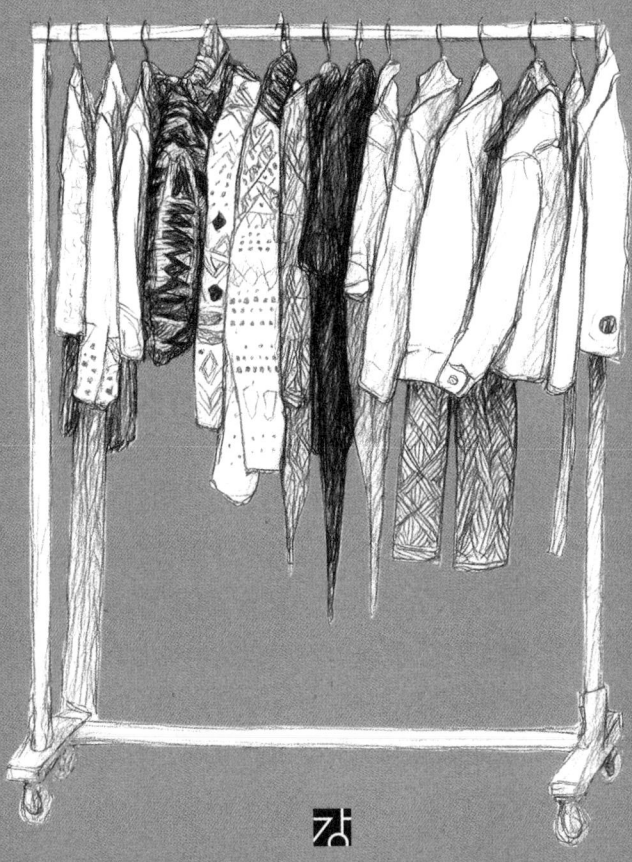

강

차 례

책머리에  7

1부  지금도 자문하며 놀란다. "왜 캐나다에 살러 왔지?"  11
2부  샌드위치 가게를 만나다  39
3부  아침 7시에 여는 옷가게  119
4부  '신데렐라' 한국을 실감하다  187

못다 한 이야기  225

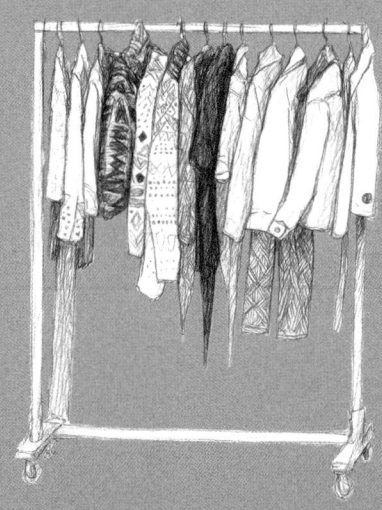

책머리에

 토론토에서 옷가게를 시작한 지 20년이 지났다. 내 인생에서 밥벌이를 가장 오래 하고 있는 직장이 바로 지금 운영하고 있는 가게이다. 엊그제 나와 전화 통화를 한 토론토 동포신문의 한 기자는 나를 '기자님'이라고 불렀다. 학교를 졸업하고 처음이자 마지막으로 했던 직장 생활 기간은 13년이었다. 자영업자로서 보낸 시간이 (준비 기간을 합쳐) 올해로 23년이니, 직업인으로 말하자면 나는 기자보다는 자영업자 혹은 소상인으로 불리는 것이 더 정확하다(명칭은 대체로 '사장님'이다).

 돌이켜보면 인생은 우연한 선택의 연속이다. 내 경우를 보면 그렇다는 얘기다. 학교를 졸업한 뒤 내 삶이 내가 계획하고 예상한 대로 진행된 적은 거의 없었다. 1988년 대학원에서 석사 논문을 준비할 때 지도교수가 물었다.

 "논문은 어떻게 되고 있는 거야?"

 "쁠랑(영어로는 '플랜'. 나는 불문과를 나왔다)을 세우고 있습니다."

"그거 한 지 얼마나 됐는데?"

"(나는 오래 하는 것이 좋은 줄 알고) 한 학기째 하고 있습니다."

"무슨 놈의 쁠랑을 그렇게 오래 붙들고 있어? 쁠랑 아무리 잘 짜봐라, 그대로 되는 게 있나. 쓰다 보면 반드시 달라지게 되어 있어. 쁠랑 그만 짜고 빨리 쓰기나 해."

선생님의 그 말씀이 없었더라면 나는 석사과정을 그렇게 빨리(3년 6개월) 끝내지 못했을 것이다. 내 대학원 선후배 중에는 석사논문을 오륙 년 만에 제출한 사람도 있었다. 많은 이들이 쁠랑을 짜면서 세월을 보냈다.

논문 쓰기 같은 작은 일뿐만 아니라 그냥 삶 자체가 내가 세운 '쁠랑' '플랜' '계획'에서 벗어나게 되어 있다. 이런저런 사정을 모두 고려하여, 아무리 정교하게 계획을 세운다 해도 살다 보면 바뀔 수밖에 없다. 내가 속한 환경, 더 크게 보면 우주 질서 전부를 파악하는 것은 불가능하니, 내가 세운 행로가 그 가변적이고 하늘의 별처럼 많은 요인들 속에서 계획한 그대로 진행될 수 있다면 그것이 오히려 이상하다. 내 경우에는 그랬다. 캐나다에 살러 오기 전까지는 머리에 떠올려본 적도 없는 캐나다살이가 그랬고, 이곳에 살러 오면서 상상도 하지 않았던 옷가게를 운영하는 것을 보면 내 인생은 당초 계획대로 된 것이 하나도 없다. 그것이 잘못되었다는 것이 아니라, 내 삶이 그렇게 흘러왔다는 얘기이다.

나는 앞서 '우연한 선택의 연속'이라고 말했었다. 내 인생의 행로를 뒤바꾼 선택이었지만 그것은 몇 날 며칠 머리를 싸매고 고민한 끝에 한 것이 아니다. 살다 보니, 내가 놓인 특정한 환경에서 그것이 가장 합리적이라거나 그 방법밖에 없다는 생각이 들었기 때문에 나는 그 길을 갔다. 나는 그것이 우연히 그리고 자연스럽게 이루어졌다고 믿는다. 내 의지가 작동한 것이라기보다는, 선택을 해야 할 상황이 우연히 생겼고 나는 자연스럽게, 별로 고민하지 않고 그쪽으로 갔다. 그저 그냥 따라갔을 뿐이다.

그 결과가 바로 캐나다에서 20년을 살아온 자영업자로서의 삶이다. 인생 삼모작이라는 말도 있으나 나는 내 직업 인생을 그렇게까지 연장하고 싶지는 않다. 나로서는 두 개 직업이면 충분하다. 밥벌이하는 삶은 캐나다에서의 자영업자로 그냥 끝내고 싶다.

이 책은 캐나다 자영업자, 그중에서도 여성 의류를 파는 가게 운영자로 살아온 사람의 직업 인생 비망록이라고 할 수 있다. 사람 사는 일이야, 이 글을 읽는 독자나 나나 거기서 거기니까 딱히 특별난 것은 없을 터이다. 그러나 한국 출신 남자가 캐나다 자영업자로 살아온(조금 비장하게 말하자면 '살아남은') 이야기는 조금 색다를 수도 있을 것이다. 애초에 외국 문학 연구

자의 삶을 꿈꾸다가 우연히 기자 생활을 하게 되었던 평범한 문과 출신의 한국 사람이 캐나다로 건너와 자영업자로 살아온 이야기라면 한국의 독자들로 하여금 조금은 호기심을 갖게 할 수 있지 않을까 싶다.

# 1부

지금도 자문하며 놀란다.
"왜 캐나다에 살러 왔지?"

## 지금도 자문하며 놀란다.
## "왜 캐나다에 살러 왔지?"

캐나다 생활, 그 가운데서도 자영업자로 살아온 20여 년을 말하자면 한국 사람인 내가 캐나다로 살러 온 이유부터 이야기해야 할 것 같다. 나는 1989년부터 2002년 이민을 오던 해까지 당시로서는 인기 직종에 속했던 언론사 기자로 일을 했다. 한국에서 직장 생활을 할 때는 몰랐다. 캐나다에 살러 온 이후에야 나는 내가 한국 사회에서 누렸던 기득권이 작지 않았다는 사실을 실감했다.

이민 이야기를 꺼내면 가까운 지인들은 "지금 잘나가잖아. 그런데 왜 기득권을 모두 버리려고 해?"라는 반응을 보였다. 그런 말을 들을 때만 해도 나는 잘나가는 것이 무엇인지, 기득권이 무엇을 뜻하는지 알지 못했다. 이른바 '이민병'이라는 것은 이민을 가보지 않고서는 치유가 되지 않는다고 한다. 어쩌다 감염된 그 병으로 인해 눈이 가려지고 판단력이 흐려졌을 수도 있다.

2002년 5월 19일 캐나다 토론토에 발을 딛고 보니, 직접 아는 사람이라고는 회사 후배 한 명밖에 없었다. 후배는 나보다 불과 6개월 정도 먼저 왔다. 이민자로서의 그의 처지는 나와 별로 다를 바가 없었다. 토론토에 와서 '낯설다'는 말을 매 순간 실감했다. '기득권을 버렸다' '계급장을 뗐다' 정도가 아니었다. 내 가족 빼고는 모든 것이 낯설었다. 심지어 맑은 공기도, 푸른 하늘도 낯설었다.

이삿짐을 모두 싸서 한 달 전에 배로 부쳤지만 우리 가족 4명이 비행기에 들고 탄 대형 이민 가방은 8개나 되었다. 무슨 짐이 그렇게도 많았는지, 지금 생각하면 쓴웃음이 난다. 당시 한국에 이민 붐이 일었던 만큼 온라인 이민 사이트도 여럿 있었다. 나 같은 이민 희망자뿐만 아니라 캐나다에 살러 간 지 얼마 되지 않은 사람들이 모여 정보를 주고받고 있었다. 캐나다에 먼저 간 사람들은 "캐나다는 다 비싸니까 신던 슬리퍼도 가져오라"고 조언했다. 캐나다살이가 짧아서 그랬는지는 몰라도 그들의 엄살은 좀 심한 편이었다. 벌이는 없는데 돈은 펑펑 쓰게 되니 한 푼이라도 아끼자는 뜻에서 그런 말을 했을 것이다.

그들의 조언대로 나는 가능한 한 많이 넣으려 했다. 배로 부치는 이삿짐 컨테이너는 절반을 채우든 가득 채우든 비용이 같다고 했다. 책꽂이 사이사이에 라면을 차곡차곡 채워 넣었던 기억이 난다. '뚫어뻥'을 챙겨 넣을 때는 기분이 묘했다. '이런 것까지 사 들고 가야 하나' 하고 조금 어이없어했다(그때 사 온 뚫어뻥은 지금까지 잘 사용하고 있다. 한국산이 그렇게나 대단하다).

한국에서 이민을 준비할 때만 해도 낯선 캐나다 생활에 대한 걱정 같은 것은 할 겨를이 없었다. 어떻게든 빨리 영주권을 받고 싶었다. 나는 오로지 거기에만 매달렸다. 영주권을 받는 것이 우선 목표였던 만큼 다른 것을 따질 여유가 없었다. '영주권부터 받은 다음에 다른 것들은 생각하자'는 식이었다.

1990년대 말에 한국에서는 이민 바람이 불었다. 나도 그 바람을 탔다. 그 바람에 한번 몸을 실으니 내 의지와 상관없이 계속 나아가는 느낌이었다. '무엇을 해서 먹고살 것인가' 하는 가장 중요한 문제에 대해서도 '이민 간 사람들이 다 사는데 나도 어떻게든 살게 되겠지' 하는 정도로 생각했다.

당시 한국 사회에 생겨난 이민 붐은 아주 이상한 성격을 지니고 있었다. 이민이란 본래 후진국 사람들이 선진국의 풍요로움을 찾아 떠나는 행위이다. 1990년대 후반, 2000년대 초반이면 한국 사람들이 캐나다나 호주를 선망할 이유는 없었다. 그즈음 한국은 이미 선진국이나 다름없었다. 2002년 한일월드컵이 열리던 무렵 한국의 모습을 생각하면 된다. 말하자면 한국에서 캐나다나 호주로 이민을 가는 것은 후진국에서 선진국으로 가는 이민 본래의 성격과는 다른 것이었다.

이런 이상한 이민을 두고 당시 한국 언론은 '교육 이민'이라고 이름 붙였다. 이민의 목적으로 자녀 교육을 꼽는 사람들이 그만큼 많았다. 다른 나라 사람들이야 이해하기 어렵겠지만 한국 사회에서는 일면 수긍이 가는 이야기였다. 예나 지금이나 어린 자녀를 교육하기가 한국만큼 어렵고 힘든 나라가 세상 어디에 있을까. 1990년대 후반, 2000년대 초반 캐나다로 이민을 떠난 많은 사람들이 초중고생 자녀를 둔 30대 부모였다.

그들 중에는 한국에서 가진 기득권을 포기하지 않아도 이민이 가능한 사람들이 많았다. 캐나다에 와서도 한국 직장에서 받던 것과 비슷한 대우를 받으며 일을 할 수 있었기 때문이다. 수평 이동을 할 수 있었다는 얘기다. 새로운 밀레니엄을 전후해 IT(Information & Communication Technology·정보 통신 기술) 인력이 급하게 필요했던 캐나다와 입시 지옥에서 벗어나자는 30대 한국 부모들의 욕구가 마침맞게 맞아떨어졌다.

이른바 Y2K라는 밀레니엄 버그에 대비하기 위해 전 세계 모든 나라들이 IT 기술자들을 확보하려고 애를 쓰던 시점이었다. 이민 정책에 관한 한 세계에서 가장 앞서가는 캐나다는 빠르고 영악하게 움직였다. IT 기술자와 엔지니어가 영주권을 신청하면 캐나다 정부는 몇 개월 만에 내주었다. 별생각 없이 이민을 신청했다가 영주권이 덜컥 나오는 바람에 신청자들이 오히려 당황해할 정도였다. 신변 정리는 물론 마음의 준비를 할 겨를조차 없을 정도로 영주권이 빨리 나왔다. 기술을 가진 사람들은 캐나다에서 일자리를 비교적 쉽게 잡았다(한국 경력으로는 구직이 아예 불가능한 나 같은 문과 출신들과 비교하면 그렇다는 얘기다). 내 주변을 보면, 엔지니어나 IT 업계 출신들은 대부분 취업에 성공했다. 물론 그들에게도 크고 작은 어려움은 있었겠으나, 일단 직장에 들어가기만 하면 금방 자리를 잡고 승승장구했다.

나 같은 문과 출신들도 그런 분위기에 편승할 수 있었다. 내가 알기로는, 캐나다 이민 문호가 그때만큼 활짝 열린 적도 없었다. 이른바 '돈'으로 영주권을 취득하는 투자 이민 말고도 '기술 이민' '독립 이민'이라는 이름의 이민 행렬에 나 같은 사람들이 낄 수 있었던 것은 기술자들을 급히 받아들이려고 문호를 크게 열어젖힌 당시 캐나다의 이민 정책 때문이었다.

## 이민을 심각하게 생각한 이유 세 가지

당시 한국에는 1997년 말 IMF 구제 금융을 받은 이후 일자리를 잃은 사람들이 많았다. 나로 말하자면, 넓게 보아 'IMF 구제 금융' 범주의 이민이라고도 할 수 있겠다. 1998년 3월 우리 회사 모기업이 부도가 나는 바람에 지급 보증을 선 모든 계열사가 연쇄 부도를 맞고 문을 닫았다. 그룹 전체가 망하기 직전 '돈이 되는' 판권을 그룹이 운영하던 문화재단으로 옮겨놓는 바람에 매체 2개는 살아남을 수 있었다.

내가 다니고 있던 시사주간지 『시사저널』, 그리고 음악전문지 『월간객석』이었다. 잡지는 발행되었으나 잡지를 만드는 기자와 직원들은 실업자 신세였다. 실업 급여를 받는 실업자이면서, 일은 예전과 똑같이 하는 어정쩡한 상황이 18개월가량 이어졌다. 우리는 월급도 받지 못한 채(광고·판매 수익은 모두 잡지 제작비로 쓰였다. 돈이 남으면 기자와 직원들에게 몇 달에 한 번 수십만 원씩 지급했다) 일은 계속해야 했다. 두 매체의 판권을 매각하여, 계열사 모든 직원의 퇴직금과 밀린 임금을 마련해야 하기 때문이었다. 판권을 팔려면 잡지가 끊이지 않고 나와야 했다.

그런 악조건에서 일을 했지만 이민 생각을 한 적은 없었다. 1990년대에 문화부 기자로 뉴욕을 자주 드나들면서도 외국 생활을 하고 싶지는 않았다. 뉴욕에 사는 둘째 누나네와 내 친한 친구가 사는 모습을 보면서 '단순한 생활이 좋아 보인다'고 여기기는 했었다.

그랬던 내가 이민을 심각하게 생각하게 된 요인은 세 가지쯤 된다.

먼저, 확정되었던 기자 해외 연수 기회가 갑자기 무산되었기 때문이다. 1999년, 앞서 말한 대로 월급도 못 받으면서 취재하고 기사를 쓰던 무렵, 나에게 외국 연수 기회가 찾아왔다. 어느 언론재단에서 1년 동안 학비와 가족 생활비까지 지원해주는 파격적인 조건의 프로그램이었다. 뉴욕 어느 대학에서 어떻게 공부할지 나름대로 계획을 세워 지원서를 제출했다.

  내가 연수 대상자로 선정되었다는 통보를 받았다. 공식 발표는 며칠 후에 날 예정이었다. 그런데 언론재단에서 우리 회사에 갑자기 연락을 취해왔다. 그 언론재단은 1년에 한 번 '올해의 기자'를 선정해 시상하는데, 우리 회사 동료 기자가 그 상을 받게 되었다고 했다. 재단은 '한 매체에 해외 연수와 기자상 2개를 동시에 주는 것은 어려울 것 같다'고 입장을 전했다. 무엇이 되었건 하나만 받으라고 했다. 우리 회사가 알아서 결정하라는 얘기였다.

  그 말을 듣고 나는 우리 회사 발행인을 찾아가 "연수를 가지 않겠다"고 말했다. 해외 연수는 나 한 사람에게만 좋은 일이었다. 기자상 수상은 회사 전체에 좋은 일이어서 당연히 내가 포기해야 했다. 더군다나 회사 동료들이 임금도 못 받고 일을 하는 처지에 있는 만큼 우리 매체가 '올해의 기자상'을 수상한다면 기자 모두에게 힘이 될 것이라고 나는 생각했다(내가 먼저 선정되었으니 내가 포기하지 않아도 된다고 말한 동기가 있었다. 지금도 고맙게 생각한다). 그해 '올해의 기자상'을 수상한 기자의 해당 기사 내용은 나중에 영화 「공동경비구역 JSA」로 세상에 더

욱 널리 알려졌다. 그때 내가 뉴욕 연수를 갔었더라면 캐나다 이민은 생각하지 못했을 것이다.

내가 이민을 고려하게 된 두번째 이유는 우리 잡지의 판권이 내가 원하지 않는 곳으로 넘어갔기 때문이다. 판권이 그쪽으로 팔리면 나는 회사를 떠나겠다고 마음먹었던 터였다. 1989년 창간 멤버로『시사저널』에 입사한 나는 언론사 최고의 조건(임금뿐 아니라 취재와 편집 환경 및 지원 면에서도)에서 일을 해왔었다. 내가 보기에『시사저널』을 새로 인수한 곳은 우리 잡지의 정체성 및 문화하고는 거리가 있었다(결국『시사저널』옛 동료들은 2007년 그 회사와 결별하고『시사IN』이라는 매체를 만들어 독립해 나왔다).

나는 회사를 옮기려고 몇몇 언론사에 이력서를 넣었다. 그즈음 만난 취재원 K씨와 나눈 대화가 캐나다 이민의 시발점이 되었다.

K씨는 이미 여러 번 만나 잘 알던 사람이었다. 말을 나누던 중에 어쩌다 내 개인적인 고민을 그에게 털어놓게 되었다. 최근의 회사 상황과 이직 문제, 그리고 청각 장애를 가진 큰아이의 교육에 관한 내용이었다. 뉴욕에 연수를 가서 그곳 학교에서 짧게나마 아이를 공부시켜보려 했으나 그마저 무산되었다는 이야기도 나왔다. 내 말을 듣더니, K씨는 무심하게 툭 던지듯 말했다.

"캐나다로 이민 가세요."

나한테는 해당되는 이야기가 아니라 여겼다. 나도 그냥 말했다.

"돈도 기술도 없는 사람이 이민을 갈 수나 있겠어요? 설사 간다 해도 거기서 뭘 해먹고 살라고요?"

"요즘은 기술 없는 문과 출신자들도 많이 가더라고요. 그리고 일단 가면 뭘 해서든 다 먹고살아요. 내 동생 부부는 토론토에 유학 가서 그냥 눌러앉았어요. 영주권 받고 커피점 하다가 지금은 샌드위치 가게 하면서 잘 살아요."

"그래도 무슨 기술이 있었겠죠."

"아니에요. 동생 부부도 모두 문과 공부했어요."

다른 언론사 두어 군데하고 면접 약속까지 잡아놓았지만 나로서는 옛 『시사저널』에 대한 애착이 워낙 컸던 터라 다른 곳으로 옮겨가는 것도 별로 내키지 않았다. 그렇다고 회사에 눌러앉기도 싫고, 어디로 옮겨가기도 싫은, 직장으로 말하자면 나로서는 오도 가도 못할 처지였다. 그럴 바에는 내 관심 분야로 전공을 바꾸어 공부를 더 해볼까 하는 생각도 할 무렵이었다.

그런데 K씨의 이 말이 자꾸 떠올랐다. "아이가 장애가 있으면 캐나다에서 교육하기가 정말 좋지요. 그 나라는 장애인 천국이라고 하니까." 귀에 쏙 들어오는 말이었다.

세번째는, 일이 되려고 그랬는지 몰라도 그즈음 캐나다 이민에 관한 이야기가 가까이에서 들려왔다. 예전에는 흘려들었을 이야기에 내가 신경을 쓰기 시작했다는 것이 좀 더 정확할 것이다. 친한 친구를 만났더니 자기 누나네가 캐나다로 이민을 가게 되었다고 했다. 친구는 그냥 어릴 적부터 내가 잘 알고 지내던 누나의 근황을 전했을 뿐이었다.

그 말을 듣자마자 나는 친구 누나에게 연락을 했다. 나는 왜 이민을 가며, 왜 캐나다이며, 어떻게 먹고살 생각인가 등에 관해 물었다. 친구 누나는 자기 이야기를 들려주고 난 다음 이민 수속 대행업체 사람을 만나면 캐나다 사회에 대해 좀 더 자세한 이야기를 들을 수 있을 거라고 했다.

이민 수속 대행업자의 말은 거침이 없었다. 그의 말을 요약하자면 캐나다는 세계에서 가장 살기 좋은 나라이자 '천국'에 가까운 곳이었다. 말이 좀 허황되다 싶으면서도, 귀에 들어오는 몇 가지 내용이 있었다.

우선, 장애인 처우나 교육에 대해서는 한국보다 훨씬 나을 것 같았다. 그의 말이 아니더라도 캐나다 국가 이미지만으로도 어느 정도는 짐작할 수 있는 내용이었다. 다음은, 기술도 돈도 없는 나 같은 문과 출신 기자도 이민이 가능하다고 했다. IT 기술자들을 빨리 받아들이려고 캐나다가 이민 문호를 활짝 열어젖혔다는 말은 그이한테서 처음 들었다.

"이민 가는 것은 그렇다 치고요, 캐나다 가서는 뭘 해먹고 살 수 있어요?"

"취직 안 되면 이민자들이 흔히 하듯이 장사하면 돼요. 하고 싶은 업종을 찾아서 일단 헬퍼(한국으로 치면 최저 시급 '알바')로 일하면서 배우고요, 그런 다음에 자기 가게를 하면 되죠."

그는 이 문제에 대해서도 거침없이 말했다. 그이의 말에 따르면, 캐나다에 가면 자영업에 종사하는 것도 별로 어렵지 않을 듯했다.

그래도 나는 주저할 수밖에 없었다. 역시 먹고사는 것이 문제였다. 월급쟁이로 살아온 사람으로서 한국에서도 장사라면 엄두가 나지 않는데, 말도 잘 안 통하는 낯선 땅에 가서 자영업에 종사한다는 것은 상상도 하기 어려운 일이었다.

캐나다 이민에 대한 선망이나 동경이 아무리 크다 해도 '밥벌이'라는 현실적인 문제 때문에 선뜻 결심하기가 어려웠다. 친구 누나네만 해도 남편 되는 분이 엔지니어여서 이민 비자를 쉽게 받았을 뿐만 아니라 직장도 이미 보장된 것이나 다름없어 보였다. 1991년 뉴욕으로 이민 간 내 누나는 미국 간호사 자격증을 가지고 취직을 해서 건너간 터였다.

## 토론토에서 목격한 '느리게 가는 버스'

 2000년 2월. 이민 수속 대행업자를 만난 지 몇 개월이 지난 때였다. 뉴욕 솔로몬 R. 구겐하임미술관의 새로운 밀레니엄 특별전 '백남준의 세계'를 취재하러 나는 뉴욕에 또 출장을 가게 되었다. 문화부 기자로 일하는 동안 나는 뉴욕 출장을 대여섯 번 다녀온 터였다. 캐나다 이민에 대한 관심이 생겼고 하니, 이번에는 뉴욕과 가까운 토론토에 들러 구경이라도 하고 싶었다. 하루이틀 본다고 해서 무엇을 구체적으로 알 수 있는 것은 아니지만 도시 분위기라도 직접 느껴보자는 생각이었다.

 수소문을 해서 1년 전에 이민을 왔다는 어느 선배를 소개받을 수 있었다. 토론토에서 그를 만나 출근길 버스를 함께 탔다. 선배가 갑자기 "저기 좀 봐라"라고 했다. 믿을 수 없는 광경이 눈앞에 펼쳐지고 있었다.

 시각 장애인이 버스에서 내리는데, 버스 운전기사가 그의 손을 잡고 함께 하차할 뿐만 아니라 도로 건너편까지 데려다주는 모습이었다. 운전기사는 당연하다는 듯이 그렇게 했다. 그 장면보다 더 놀라운 것은 승객들의 무덤덤한 태도였다. 버스가 교통 약자를 배려하느라 몇 분이나 정차하고 있는데도 승객들은 아무도 불만을 표시하지 않았다. 그들이라고 해서 출근길이 바쁘지 않을 리가 없을 텐데도 그들은 운전기사의 행동을 당연한 일로 여기는 것 같았다. 나는 내 앞의 자동차가 조금만 머뭇거려도 경적을 울려대는 문화에 익숙해 있었다. 그런 나에게 토론토 버스에서 본 광경은 대단히 충격적이었다.

'이런 문화를 가진 사회라면 장애인 대우나 교육에 대해 더 이상 알아볼 필요도 없겠다'는 생각이 들었다. 이런 문화가 정착되어 있다면 합리적인 사회일 테고, 그런 곳에서라면 무슨 일을 해서라도 먹고살 수 있을 것 같았다. '근거 없는' 자신감이 부쩍 생겨났다는 얘기다(이민을 오고 나서 버스 운전을 하는 친구한테서 들었다. 버스 기사가 교통 약자들에게 친절을 베푸는 것은 규정 때문이다. 기사가 규정을 지키지 않으면 신고가 들어가고 기사는 처벌을 받는다. 토론토 시민들은 신고 정신이 투철하다. 그렇다고 해도 시각 장애인을 내려주는 정도가 아니라 손을 잡고 길까지 함께 건너는 것은 흔치 않은 일이라고 했다).

뉴욕 출장을 마치고 한국으로 돌아와서 나는 아내와 상의를 했다. 몇 개월 전에 이민 이야기를 처음 꺼냈을 때만 해도 아내는 이민을 달가워하지 않았다. 그러나 아이가 학교에 가서 거의 '방치'되다시피 하는 것을 본 이후 생각이 달라지기 시작했다. 담임선생님은 우리에게 "아이가 학교생활을 잘하고 있다"고 했으나 아이는 뒤에 앉아서 하루 종일 만화만 보는 것 같았다. 선생님 말이 잘 들리지 않으니 수업 시간을 그렇게 보내야 했다. 담임 교사를 탓할 일이 아니었다. 일반 학교의 선생님인

만큼 청각 장애인 특수 교육에 대해 배운 바도 없거니와 어떤 지침도 받지 못했을 것이기 때문이다. 선생님으로서는 아이가 조용하게 지내고 있으니 학교생활을 잘하고 있다고 판단했을 것이다.

그런 사실을 알고 난 이후 아내는 고민 끝에 캐나다로 이민을 가는 데 동의했다.

처음 만났을 때 분명히 이야기를 했는데도, 이민 수속 대행업자는 내게 무슨 기술이 있느냐고 다시 물었다. 기자로만 일했으니 기사 쓰는 것 외에는 다른 기술이 없다고 했다. 그는 취미가 뭐냐고 물었다. 나는 커피에 관심이 많고 남들보다 잘 아는 편이라고 했다. 1990년대 중반부터 나는 좋은 커피를 찾아 마시고 커피를 볶기까지 하던 터였다. 당시 내가 하던 거의 유일한 취미 활동이었다(당시만 해도 한국은 인스턴트커피가 대세였다. 그래서 '좋은 원두 찾아다니기' 취미 활동을 할 수 있었다).

"그러면 캐나다 가서 커피 장사를 하면 되겠다"고 대행업자는 말했다. 그 말 한마디로 나의 새로운 직업이 정해진 것이나 다름없었다. 처음 만났을 때처럼 대행업자가 너무나 쉽게 말을 하는 바람에, 공부를 다시 해서 취직을 한다든가 하는 다른 선택지에 대해서는 관심조차 두지 않았다. 커피에 대해서라면 나는 누구보다 잘 안다는 자부심이 있었다. 그즈음, 나는 사람들을 만나기만 하면 커피 이야기를 하던 참이었다.

내게 익숙한 이민자의 모습이 자영업자이기도 했다. 뉴욕의 자형이 세탁소를 운영 중이어서 그랬을지도 모른다. 지휘자 정명훈이 미국 시애틀에서 샌드위치점을 운영하는 부모님을 도왔던 어릴 적 경험 때문에 부엌일을 잘한다고 했던 인터뷰도 인상적인 기억으로 남아 있었다. 북미 이민자 하면 세탁소 주인이나 청과상, 샌드위치점 업주 같은 것이 가장 먼저 떠올랐다.

나는 이민 수속 대행업자를 잘 만난 편이었다. 이민 수속을 잘해주어서가 아니라, 내가 금과옥조로 삼을 만한 이야기를 들려주었던 게 컸다.

"장사라고는 한 번도 생각해본 적 없는 나 같은 기자 출신이 캐나다 가서 커피점을 어떻게 바로 할 수 있겠어요?"

그는 지난번에 했던 이야기를 되풀이했다.

"바로 시작해서는 안 되고요. 일단 커피점에 헬퍼로 취직해서 일을 배워야지요. 일 배우면서 돈을 받을 수 있으면 더 좋고요. 돈 못 받아도 그냥 배운다는 생각으로 일하면 돼요."

말을 이렇게나 쉽게 하는 바람에, 나는 고민하지 않았다. 그냥 그의 말을 믿고 싶었다. 이민자의 나라이니 이민자들이 무엇을 어떻게 해서든 먹고살 수는 있게 해줄 것 같았다. 선진국이니까 최악의 경우에도 굶어 죽을 것 같지는 않았다. 무모하고 근거 없는 자신감이었다.

온라인 이민 사이트를 자주 드나들기 시작했다. 캐나다, 뉴질랜드, 호주, 미국 등에 관한 내용이 있었으나 이민 희망자들은 캐나다에 가장 관심이 많았다. 사람들은 특별한 기술이 없으면 용접이나 중장비 기술을 배우라고 했다. 어떤 사람은 스시를 배우라고도 했다.

뉴욕 맨해튼 32가 코리아타운(요즘은 K타운이라 불린다)에서 오랫동안 장사를 해온 친구와 상의를 했다. 친구는 말했다. "커피 장사만 해서는 어렵고, 한국 제빵을 배워서 빵을 같이 해봐. 요즘 뉴욕에서 한국 빵이 엄청 뜨고 있거든. 캐나다도 곧 따라가겠지. 너는 커피를 잘 아니까 나중에 베이커리 카페를 하면 좋을 거야."

나는 서류를 갖춰 이민 수속을 시작하면서, 서울 서교동에 있는 제빵·제과 학원에 바로 등록했다. 6개월 과정이었다. 그곳에서 20대 초반 젊은 친구들과 어울리며 기술을 배웠다. 이민을 위한 인터뷰를 하고 영주권을 얻으려면 직장은 계속 유지해야 했다. 직장과 학원을 동시에 다니는 것은 정말 피곤한 일이었다. 어떻게 해서든 6개월은 그렇게 견디어야 했다. 기자여서, 일하는 시간을 내가 조정할 수 있기 때문에 가능한 일이었다.

제빵·제과 학원 동료 수강생들은 제빵·제과 기능사 국가자격증 따는 것을 목표로 했다. 나는 제빵 시험에만 합격하고 제과 부문은 두 번이나 떨어져서 포기하고 말았다. 사실 꼭 필요한 자격증도 아니었다.

## 쥐 잡듯이 한 이민 인터뷰

미국 시애틀에 있는 캐나다 영사관에서 이민 관련 인터뷰 날짜를 통보해 왔다. 아내와 함께 2박 3일 일정으로 그곳에 가서 캐나다 영사와 인터뷰를 했다. 인터뷰를 하기 전에 담당 영사는 "새로 임용된 영사가 인터뷰를 참관해도 되겠느냐?"고 물었다. '싫다'고 할 수는 없었다.

참관자가 있어서 그런지는 몰라도, 인터뷰는 예상과는 다른 방향으로 흘러갔다. 한국의 이민 사이트에서 보았던 경험담과는 달라도 너무 달랐다. "왜 이민을 오려고 하느냐?" "와서 무슨 일을 하려고 하느냐?" 정도의 질문에 대해 나름 모범 답안을 준비하고 달달 외워서 갔었다. 그런데 영사는 뜻밖의 일을 벌였다. 나로서는 예상도 못한 것이었다. 인터뷰이의 자존심을 긁으며 일부러 화를 돋우려는 것 같았다. 나를 몰아붙이는 것이 이런 식이었다.

"당신은 오랫동안 기자로 일해왔다고 했다. 이걸 읽어보고 요약을 해보라."

그가 불쑥 내민 종이는 미국이 오사마 빈 라덴을 잡겠다며 아프가니스탄에 폭탄을 퍼붓는 내용의 영문 기사였다. 기사를 읽고 요약해서 이야기하자, 이번에는 "너는 거기에 대해 어떻게 생각하니?" 하고 물었다. 순간 '이자가 지금 나를 테러리스트로 의심하나?' 하는 생각이 들었다.

영어로 질문하던 영사의 입에서 갑자기 불어가 흘러나왔다. 학교를 졸업한 지 십수 년 만에 처음 듣는 불어여서 이해하기가 어려웠다. 불어가 그렇게 공포스러운 적은 없었다. 대충 짐작해보니 "당신은 대학과 대학원에서 프랑스 문학을 공부했다고 하는데, 이 글을 읽어보고 내용을 말해달라"쯤 되는 것 같았다. 그가 또 내미는 종이에는 불어로 어떤 내용이 적혀 있었다. 읽는 것이 듣기보다는 좀 나은 편이어서, 나도 불어로 더듬더듬 설명을 했다.

'인터뷰는 이렇게 하는 거야'라는 것을 초임 영사에게 보여주기라도 하듯, 담당 영사는 한 시간 내내 나를 거의 쥐 잡듯이 했다. 너무 어이가 없고 화가 나서 이민이고 뭐고 다 집어치우고 싶을 정도였다. 겨우겨우 참았다.

가장 기분이 나빴던 것은 끝나고 나올 때였다. 이민 사이트에서 경험자들이 들려준 이야기와 또 달랐다. 보통은 인터뷰가 끝나면 "웰컴 투 캐나다!"라고 하면서 합격을 알려준다고 했다. 그 반대도 마찬가지일 것이다. 그러나 나를 인터뷰한 영사는 가타부타 말이 없었다. 나는 잔뜩 화가 난 표정으로 "영주권을 못 받는 거냐?" 하고 물었다. 영사는 조금 당황하는 것 같았다. 그러더니 손까지 흔들어가며 다급하게 말했다. "아니, 그건 아니고. 며칠 후에 통보해주겠다. 가서 기다리면 된다." 인터뷰

내내 나를 몰아붙인 것이 미안했던지, 마지막에는 조금 친절했다. 그때 캐나다 영사에게 그렇게 당한 것이 어찌나 억울했던지, 나는 그 영사 이름을 지금도 기억하고 있다. 빌 하크.

영사가 말한 대로 일주일 후에 바로 연락이 왔다. 영주권을 내줄 터이니 1년 안에 들어오라고 했다. 이민을 가기로 결정한 지 1년쯤 된 시점이었다. 캐나다에 가는 날짜를 정했다. 2002년 5월 19일. 한일월드컵 대회가 열리기 직전이었다. 회사에는 4월에 사표를 냈다. 우리 회사가 새로운 사주를 만난 지 1년쯤 될 무렵이었다. 나를 진급까지 시켜줬으나 회사에 대한 미련은 없었다.

### "헬퍼로 일한다고요? 그러면 돼요. 개런티할게요."

이런저런 송별회를 마치고, 캐나다로 건너왔다. 처음 한 달 동안은 기본적인 일들을 처리하느라 정신없이 보냈다. 월세 아파트를 정하고, 아이를 청각 장애 특수반이 있는 학교에 보냈다. 한국의 주민등록번호 격인 사회보장번호(SIN)를 받았고 자동차 및 아파트 보험에 가입했다(아파트에 세입자로 살아도 집 보험에 따로 가입해야 했다). 한국 운전면허증을 캐나다 것으로 바꾸고(양국이 호환 협정을 맺어서 편했다) 자동차를 구입했다. 그 밖에도 전화와 인터넷 신청, 영어 학교 등록 등 정착에 필요한 자질구레한 일들이 참 많았다.

그러던 중에 지난번 토론토 방문 중에 만났던 선배의 소개로 대학 동창회 야유회에 나가기도 했다. 2002년 6월 첫 주 토요일 토론토의 큰 공원에서 열린 봄철 야유회였다. "캐나다에 살러 온 지 2주 되었습니다"라고 인사했더니 많이들 반가워했다. 나보다 이삼십 년 연배가 높은 선배님들이 많았다. 한국에서는 만나보기 어려웠던 선배들이었다.

몇몇 선배들은 한국에서 기자 생활을 하다가 왔다는 사실에 관심을 보이면서 "여기서는 뭘 하며 살 건가?" 하고 조심스럽게 물었다. 새로 이민 오는 후배들 대다수가 이공계 출신이고 그들은 주로 회사에 취직을 하는 터라, 문과 출신 전직 기자가 무슨 일을 할 것인가 궁금하기도 했을 것이다. 돌이켜보면 내가 그 선배들 입장이어도 물어봤을 것 같다. 큰돈도 기술도 없이 무슨 배짱으로 이민을 왔는지 안쓰러워 보이기도 했을 것이다.

나는 그저 생각한 대로 말했다.

"커피와 빵을 파는 가게를 하고 싶은데요, 당장 시작할 것은 아니고 일단 헬퍼로 일하면서 배울 생각입니다."

이민 선배들이 내 말을 어떻게 받아들일까 속으로 조금 걱정되기도 했다. '겨우 헬퍼나 하려고 그 좋은 직장 그만두고 왔

공원에서 열린 대학 동창회 봄 야유회. 캐나다에 건너오자마자 동창회 모임에 나갔었다. 내가 옷가게를 운영할 수 있었던 것은 동창회에서 만난 선배님 덕분이었다.

나?' '대책 없이 무작정 왔구만' 하고 생각하는 사람도 있을 것 같았다. 그런데 선배님들은 너 나 할 것 없이 호의적인 반응을 보였다. "오, 그래? 아주 좋은 생각이야. 이민 생활은 그렇게 시작하면 되는 거야. 걱정 안 해도 되겠네." 그런 소리들을 들으니 갑자기 힘이 생겨났다.

서울에서 어떤 지인이 자기 동생이 토론토에서 자영업을 한다며 나더러 만나보라고 했다. 그이는 내가 동생을 만날 '명분'을 만들어주려고 한국 영화 비디오테이프 3개를 전해주라고 했다. 그 동생이라는 사람도 나를 만나자마자 물었다.

"기자였다면서요? 여기서는 무슨 일을 할 건가요? 기자가 할 일은 별로 없을 텐데……"

나는 또 그냥 대답했다.

"커피와 빵을 파는 가게를 하고 싶은데, 그런 가게에서 헬퍼로 일하면서 경험부터 쌓고 싶습니다."

"최저 시급 헬퍼로 일한다고요?"라고 반문하면서 그이 또한 대학 선배님들과 같은 말을 했다.

"아, 그러면 걱정 안 해도 되겠네요. 나는 기자가 이민 온다길래 뭘 해먹고 살까 걱정되더라고요. 내가 먼저 뭘 이야기하는 것도 조심스럽고요. 그런데 그렇게 바닥부터 시작하면 돼요. 금방 자리 잡을 거니까 열심히 해봐요. 내가 개런티할게요."

'개런티'라는 말이 참 좋았다. 이민 수속 대행업자에게 이미 들었지만 나로서는 반신반의하던 계획을, 캐나다에서 자영업자로 성공한 사람이 '개런티한다'고 하니 좋아서 눈물이 날 것 같았다.

뉴욕의 자형도 나와 전화 통화를 하면서 똑같은 이야기를 했다.

"맨 아래에서 시작하면 올라갈 일만 있는 거니까 걱정하지 말고 일해봐. 헬퍼는 처남이 안 해본 육체노동이라 처음에는 많이 힘들 거야. 일단 몸부터 만든다고 생각해. 그리고 헬퍼로 일하는 곳을 학교라고 여기면 좋아. 내가 배우는 거니까. 거기서 받는 돈을 장학금이라 생각하면, 그게 얼마 안 되어도 마음이 편할 거야."

자영업자로 성공한 분들의 이 같은 격려는 하늘에서 내려온 동아줄 같았다. 헬퍼로 일하면서 몸이 힘들고 고달플 때면 '내가 이걸 하려고 캐나다에 왔나?' 하는 자괴감에 시달리기 십상이다. 그러나 학교에서 장학금 받아가며 배운다고 생각하면 그런 마음이 금세 사라졌다. 내 몸을 육체노동에 적합하게 만들어가는 것도 나에게는 큰 공부였다. 당시 만나서 놀던 친구들에게 "헬퍼 하면서 나처럼 내놓고 자랑하는 사람은 없을 거야"라고 농담을 하기도 했다.

## "왜 헬퍼로 일을 해요? 동포신문 기자를 하지."

아무리 그렇다 한들 불안하지 않을 리가 없었다. 은행계좌에서 돈이 줄줄 새나간다는 느낌이 들었다. 벌이는 시원찮고 쓰는 돈은 많으니 당연한 일이었다. 아파트 임차료로만 한 달에 1,500달러(이하 캐나다 달러. 환율은 그때나 지금이나 캐나다 달러당 1,000원쯤 된다. 1,500달러면 150만 원이다)가 빠져나갔다. 최저 임금 헬퍼가 하루 8시간, 주 5일을 일해서 받는 한 달 임금은 기껏해야 1,000달러가 조금 넘었다. 벌이로 말하자면, 통장 잔고가 줄어드는 속도를 조금 늦출 수 있는 정도였다. '한 달에 2,000달러만 벌 수 있으면 정말 좋겠다'는 생각도 들었다. 내게 이런 말을 하는 사람도 주변에 더러 있었다.

"한국에서 기자였으면 여기 동포신문에서 일하면 되지, 왜 굳이 힘들게 헬퍼를 해요?"

편하게 할 수 있는 일을 두고 왜 육체노동을 하며 고생을 사서 하느냐는 것이었다. 하긴 동포신문 기자로 일을 하면 몸은 고달프지 않을 수 있었다. 동포신문 기자라는 일이 내게는 어렵지도 않고, 벌이로 보아도 일반 헬퍼보다는 조금 나았다(생활비를 충당하기에는 턱없이 부족한 것은 마찬가지였지만). 달콤한 유혹이었다.

그렇지 않아도, 캐나다로 건너오기 전에 '이민 초기에 동포신문에서 일을 하는 것도 괜찮겠다'는 생각을 더러 하기는 했었다. 그러나 이민 비행기를 타기 일주일 전 친하게 지내던 회사 선배를 만나고 나서 그런 생각은 아예 지워버렸다. 당시 미국에서 변호사로 일하던 N 선배였다. 그이는 한국에서 대학을 마치고 가족과 함께 미국 이민을 갔다가 저널리즘 스쿨에서 공부하고 영국 통신사 서울 특파원으로 일을 했었다. 그러다가 우리 회사 경제부로 옮겨와 5년쯤 일한 뒤 미국으로 다시 건너가 로스쿨에서 공부를 한 터였다. 그 선배가 잠시 서울에 나왔다는 소식을 듣고 나는 이민 비행기를 타기 직전에 그를 만났다. 선배에게 물었다.

"토론토에 가서 자리 잡을 때까지 동포신문 기자로 일하면서 일단 분위기를 파악하고 적응해보려 하는데요, 그렇게 하는 것이 좋겠지요?"

선배는 정색하며 말했다.

"어라? 성우제 씨, 그런 생각 하면서 가는 거야? 야, 그럴 거면 캐나다에 가지 마라. 이민 생활을 그렇게 안이하게 시작해서는 자리 잡기 어려워. 이민이란 건 말이야, 장사를 하든 뭘 하든 일단 맨 앞선에 서서 전투적으로 부딪혀야 하는 거야. 그래도 성공할까 말까야. 주변부에서 어정쩡하게 살다가는 평생 그 모양 그 꼴이야. 캐나다까지 가서 그렇게 살고 싶어? 그럴 거면 이민을 왜 가? 여기서 그냥 편하게 살지? 그렇게 살기에는 인생이 너무 아깝지 않아?" 선배는 특유의 시니컬한 말투로 이런 말들을 한꺼번에 쏟아냈다. 나는 정신이 번쩍 들었다.

헬퍼로서 희망을 가지고 일을 한다고는 하지만 은행 잔고가 줄어드는 것은 공포스러운 일이었다. 돈이 바닥날 때까지 이렇게 사는 것이 아닌가 싶어서 '지금이라도 동포신문 기자를 해볼까?' 하는 유혹이 불쑥 생겨나기도 했다. 그럴 적마다 N 선배의 말과 표정을 떠올렸다.

사족. 캐나다에 살러 온 지 10년쯤 지난 2012년 무렵 N 선배가 토론토를 방문한 적이 있었다. 나는 말했다. "여기서 비교적 자리 잘 잡았어요. 예전에 선배가 해준 조언이 나한테는 아주 도움이 됐어요. 늘 고맙게 생각해요." 선배는 본인이 그런 말을 했다는 사실을 기억하지 못했다. 나는 선배가 했던 말을 상기시켰다. N 선배는 말했다. "아, 불안해하는 사람 앞에 두고 내가 괜한 소리를 했었네. 그땐 젊어서 그랬나?" 허탈했다.

**2부**

# 샌드위치 가게를 만나다

## 최저 시급 '알바' 자리 얻는 것도 정말 어려웠다

 "토론토에서 앞으로 뭘 해먹고 살 건가?"라고 묻는 이민 선배들에게 "헬퍼로 시작할 겁니다"라고 호기롭게 답했으나, 막상 일자리를 찾아 나서고 보니 현실은 예상과 많이 달랐다. 마음만 먹으면 바로 할 수 있으리라 여겼던 최저 시급 헬퍼 일도 그리 만만한 것이 아니었다. 일자리를 구하는 것부터 쉽지 않았다. 처음에는 토론토 다운타운에 있는 커피점들을 찾아다니며 구경을 했다. 일하고 싶은 곳이 눈에 띄면 여러 번 방문하며 커피를 마셨다.

 다른 대도시와 마찬가지로 토론토도 커피점은 프랜차이즈와 비프랜차이즈로 나뉘어 있다. 프랜차이즈가 아닌 이른바 '스페셜티 커피점'에서 일을 하고 싶었으나, 막상 일자리를 구하려다 보니 이것저것 가릴 처지가 아니었다. 프랜차이즈든 뭐든 어서 들어가서 일을 배우고 싶었다.

커피점에 가서 "혹시 여기서 일할 수 있나요?"라고 물어보는 것도 용기가 필요했다. 의외로 대답들은 잘해주었다. "레쥬메(이력서) 두고 가세요." "사람 필요할 때 연락할게요." 그 말들을 믿고 처음에는 희망을 가졌다. 그러나 연락은 한 번도 오지 않았다. 나중에 가서야 알았다. 그렇게 대응하는 것이 가장 쉽게 거절하는 방식이었다. 간혹 '헬퍼 구함'이라는 안내문을 붙인 곳도 있었다. 그런 곳에서도 이력서를 받으면서 "나중에 연락하겠다"고만 했다. 나로서는 뾰족한 방법이 없으니 그냥 돌아다니면서 이력서를 뿌릴 수밖에 없었다. 인터뷰를 하자고 하는 곳도 생겨났다. 인터뷰 기회를 얻는 것만으로도 나로서는 감지덕지할 일이었다. 기억이 나는 곳은 두 군데이다.

하나는 캐나다에서 가장 크고 유명한 프랜차이즈 커피점 '팀 호튼스(Tim Horton's)'. 캐나다, 특히 동부에서는 어디를 가든 이 커피점이 눈에 띈다. 작은 시골 마을에 이 커피점이 새로 들어온다고 하면 마을 사람들이 파티를 열며 환영할 정도로 유명한 프랜차이즈이다. 팀호튼스는 1950~60년대 NHL(북미 하키리그)에서 유명 선수로 활약한 캐나다 출신의 팀 호튼이 1964년 친구와 함께 토론토 인근 도시 해밀턴에서 시작한 커피점이다. 하키가 캐나다에서 가장 인기 있는 스포츠 종목이어서 그런지는 몰라도 팀호튼스 커피점에 대한 캐나다 사람들의 충성도는 놀라울 정도다. '국민적 충성도'로 보자면 전 세계에서 최상위 커피점일 것이다. 팀호튼스 커피점이라면 어디가 되었든 손님들이 줄을 서 있다.

'저런 커피점을 운영할 수 있다면 원이 없겠다.' 그러나 캐나다 경험이 전무한 초기 이민자들에게는 설사 돈이 많다 해도 그림의 떡일 뿐이었다. 팀호튼스는 캐나다에서 자기 사업을 성공적으로 운영한 경력이 있는 사람들에게만 가맹점을 내준다고 했다. 보통은 캐나다 국세청(CRA)에 보고한 몇 년 동안의 세금 납부 실적서를 요구한다. 내가 만난 적이 있는 어느 팀호튼스 가맹점주는 오랫동안 호텔업에 종사했었고, 다른 누구는 십수 년간 편의점을 성공적으로 운영했다고 했다.

나 같은 사람은 그곳에서 최저 시급 알바 자리 얻는 것도 거의 불가능했다. 수소문을 해보니 팀호튼스를 운영하는 한국 점주가 2명 있었다. 한국 사람이니까 혹시나 편의를 봐줄까 싶어 무작정 찾아갔다. 커피를 주문하면서 헬퍼에게 "사장에게 전해달라"며 이력서와 편지를 두고 왔다. 나는 이러저러한 사람인데, 나를 헬퍼로 고용해주면 열심히 일하겠다는 내용이 담긴 편지였다.

한 군데서 연락이 와서 만나자고 했다. '팀호튼스에서 일하게 되겠구나' 생각하고 마음이 설렜다. 그런데 한국인 점주는 엉뚱한 소리를 했다. 이렇게 적극적으로 이력서와 편지를 두고 가는 기자 출신이라는 사람이 누구인지 그냥 궁금해서 보자고 했을 뿐이라고 했다. 우리 가게는 지금 남자 헬퍼는 필요하지 않다, 혹시 자리가 나면 연락을 주겠다고 하면서 커피나 마시고 가라고 했다. 그 이후로는 소식이 없었다.

두번째 인터뷰는 '페어 트레이드(Fair Trade)'라는 문구를 출입구에 적어놓은 토론토 도심의 커피점에서 이루어졌다. '페어 트레이드'는 2002년 당시만 해도 생소한 용어였다. 커피 농민들로 하여금 전통적인 유기 농법으로 커피를 재배하도록 하고, 소비자들과 직접 연결해서 생산자에게 최대 이윤을 안겨주자는 사회운동이라고 했다. 커피 농사 이윤의 대부분이 대형 유통회사에 돌아가는 불공정한 구조를 깨자는 취지의 커피 공정 거래 운동이었다.

나는 토론토 대학 앞에서 진행된 '페어 트레이드 커피 시음회'를 우연히 접하고 커피와 관련한 그런 운동이 있다는 사실을 처음 알게 되었다. 페어 트레이드 커피를 사용한다는 토론토 도심의 커피점에서 콜롬비아 커피 농민이 강연회를 한다고 해서 거기에도 참석했다. 페어 트레이드 커피를 접하고 나는 조금 흥분했다(한국 매체에 관련 기사를 써서 보내기도 했다. 한국에서는 나중에 '공정무역'으로 알려진 '페어 트레이드' 커피와 관련한 한국 최초의 기사였을 것이다).

커피 생산지 농민들에게 커피콩을 구매해 볶아서 파는 토론토의 대표적인 커피점은 '얼터너티브 그라운즈'였다. 나는 그

곳을 자주 드나들었다. 커피 가격은 다소 비쌌으나 그들이 진행하는 '운동'도 좋아 보였고 유기 농법으로 생산한 커피도 훌륭했다.

어느 날 그 커피점 입구에 '헬퍼 구함'이라고 적혀 있길래 나는 늘 들고 다니던 이력서를 바로 제출했다. 매니저는 다음 날 오전에 인터뷰를 하자고 했다. '여기서 몇 년 일을 배우고 내 가게를 차리면 되겠다'는 생각이 들어 또 마음이 설렜다.

커피점 매니저는 나와 5분 정도 인터뷰를 하더니 그 자리에서 바로 "당신을 고용할 수가 없다"고 말했다. 분위기로 보아, 구체적인 이유는 굳이 듣지 않아도 알 것 같았다. 이민 온 지 몇 달 되지도 않았고, 영어 하나만 가지고도 문제가 될 수 있었다. 나중에 연락하겠다고 여지를 주지 않아서 오히려 좋았다.

커피점 헬퍼와 관련한 인터뷰는 이렇게 두 번밖에 하지 못했다. 인터뷰조차도 이렇게나 어려운 판국이니, 커피점이나 베이커리 카페에서 일자리를 얻는 것은 거의 불가능해 보였다. 당시 내 처지를 보면 그것은 당연한 일이었다. 나는 캐나다에 살러 온 지 몇 개월밖에 안 되어서 토론토 물정에 당연히 어둡고, 말(영어)도 능숙하지 못한 사람이었다. 사람을 뽑을 때 나이와 성별, 인종을 내놓고 따지는 것은 불법이다. 그러나 초기 이민자 지원 단체도 아닌 일반 커피점이나 베이커리 카페가 '39세' '아시아' '남자' '이민 초보' '무경력자'를 선뜻 고용하기는 당연히 어려울 것이다. '커피를 잘 안다' '빵 굽는 것을 배웠다' '한국에서 취득한 제빵 기능사 자격증도 있다'는 사실을 이력서에 아무리 강조해서 적어도, 거기에 관심을 보이는 곳은 없었다. 커피점에서 꼭 필요로 하는 헬퍼는 그런 사람이 아니었다. 헬퍼는 그저 해당 가게에서 주어진 일만 잘해내면 되는 사람이었다. 그야말로 주어진 시간 내에 단순 노동을 가장 효과적으로 잘해낼 수 있는 사람을 필요로 했다.

나로서는 그런 사정을 알게 된 것만으로도 공부라고 여겨야 할 판이었다. 내가 원하는 곳에서 일자리를 구하는 것이 불가능하다는 사실은 금방 드러났다. 무급 일자리를 얻는 것도 가능한 일이 아니었다. 이민 초보자에게 무급 일자리라는 선의를 베풀 만큼 자영업의 세계가 여유롭지는 않았다. 모두들 긴장하고 때로는 초치기까지 해가며 코에 단내 나게 일하는 곳에서, 초보자가 일을 배우러 왔다며 서성거리면 성가시고 거추장스러울 것이다. 게다가 가게 주인으로서는 '일 시키고 돈 안 줬다'고 신고당할 수도 있으니, 당연히 피할 수밖에 없을 것이다.

"그냥 몇 년 놀아라"라고 말하는 이들도 주변에 더러 있었다. 처음에는 무슨 한가한 소리를 하나 싶었으나 그 말에도 일리가 있었다. 돈을 빨리 벌어야 한다는 강박 때문에 제대로 따져보지도 않고 가게를 시작했다가는 낭패를 볼 수 있으니, 느긋하게 돌아가는 상황과 물정을 살펴보라는 뜻이었다. 나중에 보니, 급한 마음에 한국에서 가져온 목돈으로 가게를 샀다가 돈도 잃고 몸과 마음까지 상하는 일이 적지 않았다.

좋은 뜻이기는 해도 '그냥 놀아라'라는 말은 귀에 들어오지는 않았다. 나는 한시바삐 일을 배우고 싶었다. 3개월 가까이 찾아도 커피점 일자리는 나오지 않았다. 내가 원하는 일자리만 찾다가는 아예 일을 못할 수도 있겠다는 생각이 들었다.

나는 샌드위치점으로 눈을 돌렸다. 한인사회 정보지에 커피점 구인광고는 없어도 샌드위치점에서 헬퍼를 구한다는 광고는 늘 나와 있었다. 샌드위치점은 편의점이나 세탁소와는 달리 빵, 커피와 어느 정도 관련 있는 업종이라고 나는 굳이 생각했다.

그러나 남성 헬퍼를 찾는다는 가게는 없었다. 이대로 있다가는 일할 기회조차 영영 얻을 수 없겠다 싶어서 전화를 걸기 시작했다. 막무가내로 들이대는 식이었다.

"저는 남자지만 여자 못지않게 일을 잘할 수 있습니다. 커피를 잘 알고 제빵 자격증도 있어요."

아무짝에도 쓸모없는 소리였지만 나를 달리 '어필'할 수 있는 말이 없었다. 그즈음 한국에서의 기자 경력이 헬퍼 자리를 얻는 데 방해가 된다는 사실을 나는 조금씩 알아가던 참이었다. 한국인 주인에게는 부담을 주는 이력 같다는 생각이 들기 시작했다. 알바 자리를 구하는 젊은 학생들도 많은 터에 굳이 나 같은 사람을 헬퍼로 쓸 이유는 없었다.

전화를 해도 직접 받는 곳은 드물었다. 자동응답기에 전화번호를 남기면 연락하겠다고 했다. 연락이 없어서 거의 포기하던 참에, 어느 날 아침 일찍 집으로 전화가 왔다. 토론토 다운타운에 있는 샌드위치점이라며 남자 헬퍼가 급히 필요하니 한번 와보라고 했다.

여자 사장은 나를 만나자마자 말했다.

"우리는 일을 해본 사람이나 젊은 학생이면 좋겠는데요, 지금은 사정이 급하니까 일단 일주일만 해보세요. 계속 일을 할 것인지는 일주일 뒤에 결정하고요. 임금은 미니멈(최저)에서 시작해요." 최저 시급은 7.5달러였다.

그 일주일 동안 나는 사흘은 전임자한테서 일을 배우고, 이틀은 나 혼자서 했다. 말 그대로 죽을 둥 살 둥 최선을 다했다. 금요일 오후 퇴근 직전에 사장이 말했다.

"계속 일하셔도 되겠네요. 열심히 해주세요."

토론토에 살러 온 지 3개월 만에 처음으로 하기 시작한 일이었다.

## 배달하면서 목격한 캐나다 회사 문화

샌드위치점은 토론토 도심의 대형 푸드코트에 있었다. 내 전

임자는 내가 일하게 된 샌드위치 가게가 푸드코트 20여 개 음식점 가운데 손님이 가장 많은 곳이라고 말했다. 점심시간이면 손님들이 늘 줄을 섰다. 일하는 사람은 사장 내외를 포함해 모두 7명(여자 5명, 남자 2명). 샌드위치점치고는 규모가 꽤 큰 편이었다.

남자 헬퍼를 따로 뽑은 가장 큰 이유는 배달 때문이었다. 배달이 '돈 되는 알짜배기'라고 했다. 가게로서는 그만큼 중요한 일이었다. 남자 헬퍼는 적게는 5~6인분, 많게는 100인분이 넘는 샌드위치와 음료수를 배달용 수레로 매일 실어 날랐다. 배달은 아침 7~8시에도 있었고 점심시간 직전에도 여러 차례 있었다. 배달을 하면서 나는 캐나다의 회사 문화를 잠시나마 들여다볼 수 있었다. 점심 식사 문화가 한국과는 많이 달랐다.

내가 배달을 간 곳은 가게 근처에 있는 일반 회사와 은행, 신문사였다. 그곳 직원들이 샌드위치를 배달시키는 이유는, 아침과 점심시간을 이용해 회의를 하기 위해서였다. 말하자면 이곳 회사원들은 샌드위치를 먹어가며 회의를 하거나 교육을 받았다. 노동 강도가 대단히 높다는 생각이 들었다. 내가 서울에서 일할 적에는 회사 바깥 식당에서 동료들과 함께 점심 식사를 했다. 점심시간은 보통 1시간(우리 회사는 1시간 30분)이었다. 반면 토론토 직장인들은 30분 정도밖에 안 되는 점심시간에 평소에는 간단하게 '혼밥'을 했다. 그러다가 회의나 교육이 있으면

토론토의 푸드코트. 자영업에 종사하려면 먼저 일과 이곳 문화를 배우고 육체노동에 맞게 몸을 만들어야 했다. 나는 토론토 도심 푸드코트의 샌드위치점 '최저 시급 헬퍼'로 일을 시작했다.

곧잘 식사 시간을 활용했다. 물론 비용은 회사에서 지불했다. 내가 배달을 가는 회사들은 이른 아침에는 주로 교육을 했고, 점심시간에는 회의를 했다. 식사 시간을 활용해 시간을 아끼고 오후 3~4시에 '칼퇴근'하는 문화는 낯설지만 좋아 보였다.

캐나다 회사들이 식사 시간에 하는 교육과 회의는 일상적인 것으로 보였다. 캐나다 최대 일간지 편집국도 우리 가게에 자주 배달을 요청했다. 나는 배달을 가서, 기자들이 식사를 함께 하며 편집회의 하는 광경도 목격했다. 캐나다 신문사 편집국은 독서실처럼 어두컴컴하고 조용했다. 늘 시끌벅적한 한국 언론사 편집국과는 많이 달랐다.

배달이 많은 날이면 수레를 밀며 보도 위를 뛰어다녔다. 토론토 사람들은 일개 배달원(당시 한국으로 말하자면 '철가방')인 나에게 참 친절했다. 영어를 잘 못 알아들으면 천천히 말해주었다. 수레를 밀고 건물을 드나들 때는 사람들이 출입문을 잡아주었다. 배달이 늦었다고 화를 내는 사람은 없었다. 뛰어오느라 옷이 땀에 젖은 것을 보고 종이 수건을 건네며 "천천히 와도 된다"고 이야기하는 손님도 있었다. 수십 인분의 샌드위치 배달 용기를 깨끗하게 닦아두었다가 재활용하라며 내주는 사람도 많았다.

나에게는 일하면서 경험하는 크고 작은 모든 것들이 공부였다. 내가 만나는 사람들은 누가 되었든 모두 선생님이었다. 함께 일한 사장님과 동료들도 마찬가지였다. 사실 배우는 것으로 보자면 음식이나 수프를 만드는 일들은 '기능'에 불과했다. 손님을 대하는 태도, 특정 상황에 대처하는 방법 같은 것들을 나는 많이 배웠다. 내가 서둘러 공부하고 몸에 익혀야 할 캐나다의 문화이자 매너였다.

샌드위치점의 여자 사장 니키(한국 사람들도 서로 부르기 편하게 영어 이름을 하나씩 가지고 있다)는 "나도 예전에 헬퍼로 일을 해서 헬퍼 입장을 잘 이해하는 편이에요"라고 말했다. 말로만 그러는 것이 아니었다. 그이는 헬퍼들에게 늘 친절했다. 나에게 일을 잘 가르쳐주었고, 때로는 따끔한 지적도 해주었다. 2주마다 지급하는 임금 수표는 늘 당일 아침에 챙겨주었다.

내가 니키 사장에게 지금도 고마워하는 일이 하나 있다. 어느 날 아침 7시, 은행 회의실에 100인분이 넘는 샌드위치 배달을 가던 중이었다. 수레를 밀면서 서둘러 가다가 바퀴가 보도블록에 걸리는 바람에 배달용 대형 커피통을 엎어버렸다. 커피통 뚜껑이 열리면서 커피가 길거리에 콸콸 쏟아져 나왔다. 순간 멍했다. 나로서는 수습할 방법이 없었다. 이대로 도망을 칠까 하는 생각까지 들었다. 니키 사장한테 가서 솔직하게 이야기했다. 가게로서는 큰손님이고, 무엇보다 아침 일찍 커피부터 기다리는 사람들인데, 배달을 못했으니 사장이 크게 화를 내도 이상하지 않을 상황이었다. 그러나 니키는 차분하게 말했다.

"급하게 하다 보면 그럴 수 있어요. 대신 수고를 좀 더 해주셔야겠어요. 커피를 한꺼번에 빨리 내릴 수는 없으니까, 작은 통을 들고 여러 번 다녀와야 해요."

사장이 보인 반응은 이것이 전부였다. 이후에도 그 실수에 대해 가타부타 말이 없었다. 내가 작은 커피통을 들고 회의실에 들어설 때마다 손님들은 "와, 커피가 또 왔다" 하며 나를 반겼다. 너그러운 문화를 가진 나라였다.

점심시간이면 나는 샌드위치를 싸서 파는 여성 동료들에게 음식 재료를 날라다주었고, 설거지 같은 뒷일을 주방에서 도맡아 했다. 점심시간이 끝나면 양파, 감자, 당근 같은 채소를 까고 썰고 고기를 정리하는 일을 했다. 가게 바닥 청소를 마지막으로 8시간의 일과는 끝났다. 오후 4시 퇴근이었다(평소에는 8시 출근, 아침 배달이 있는 날은 7시에 출근했다).

처음으로 하는 육체노동이라 적응하느라 힘이 들었다. 결혼 이후 늘기만 하던 몸무게가 줄어들기 시작했다. 3개월 만에 6킬로그램이 빠졌다. 음료수 박스를 들다가 허리를 다쳤다. 통증이 심했으나 허리에 복대를 차고라도 일을 해야 했다. 한 사람이 빠지면 가게의 그날 매상에 차질이 생기기 때문이었다. 허리 통증은 시간이 지나도 자꾸 재발했다. 지금도 후유증이 남아서, 1년에 한두 번은 고생을 한다. 육체노동을 가볍게 알다가 큰코다친 거라고 생각한다.


## 그토록 원하던
## 베이커리 카페 일자리를 찾았으나······

샌드위치점에서는 그렇게 5개월을 일했다. 동료들도, 손님들도 좋아서 더 있고 싶었으나 내가 찾고 원하던 자리가 나타

나는 바람에 어쩔 수 없이 그만두어야 했다. 토론토 한인사회 정보지에 실린 '베이커리 카페 베이커 구함'이라는 광고에 눈이 번쩍 뜨였다. 광고를 보자마자 나는 바로 전화를 걸었다. 토론토에 살러 온 이후 내가 줄곧 찾아다니던 일자리여서 나로서는 그 기회를 놓칠 수가 없었다. 드디어 내가 하고자 하는 일을 배우는구나 싶었다.

게다가 인터뷰 약속을 잡기 위해 한국인 사장과 전화 통화를 한 이후, 나는 토론토에 먼저 살러 와 있던 M씨가 소개했던 곳이라고 직감했다. 서울에서 유명한 커피점을 운영했던 M씨가 "베이커리 카페를 하고 싶다"는 내 말을 듣자마자 데려간 가게가 있었다. 우연히 들렀다가 단골이 된 곳인데, 오후 2~3시만 되어도 아침에 구운 빵이 동나더라고 했다. 그이는 "토론토의 베이커리 카페는 바로 이런 곳"이라며 "이곳은 베이커리 카페 중에서도 정말 장사가 잘되는 가게"라고 했었다. 나를 데려갔을 때 M씨는 그 가게의 주인이 한국 사람으로 바뀐 줄을 몰랐던 것 같다. 나에게는 동유럽 사람이 운영하는 오래된 가게라고만 소개했었다.

인터뷰를 하려고 찾아갔더니, 내가 짐작했던 그곳이 맞았다. 이런 우연이 있을까 싶었다. 입에서는 "하느님 감사합니다"라는 말이 절로 나왔다. 베이커리 카페, 그것도 토론토에서 보기 드물게 잘된다는 곳에서 일자리를 얻고, 일을 배우게 생겼으니 흥분되는 것은 당연했다.

베이커리 카페의 한국인 사장과 인터뷰하고 일자리를 얻을 때는 샌드위치점에서 일한 몇 개월 경력이 도움이 되었다. 캐나다에 살러 온 지 1년도 지나지 않은 나에게 그 경력은 '비빌 언덕'이 되어주었다.

가게 주인은 내가 일한 샌드위치점의 전화번호를 알려달라고 했다. 내가 일을 어떻게 했는지 물어보려고 하는 것 같았다. 만일 내가 일을 허투루 하고 나왔더라면 나로서는 전화번호를 알려주기가 어려웠을 것이다. 캐나다에 이런 문화도 있구나 싶었다. 가게 헬퍼를 뽑으면서도 이렇게 철저했다. 나는 전화번호를 주기는 했으나, 주인이 전화해서 물어보았는지는 모르겠다(나중에 내 가게를 하면서 이런 전화를 받은 적이 있었다. 우리 가게에서 '파트타이머 알바'로 일한 학생이 취직을 하려 하는 회사에서 걸려온 전화였다. 내가 "노코멘트하겠다"고 말했다면 좋지 않은 영향을 끼쳤을 것이 틀림없다. 큰 회사가 작은 가게로 전화를 걸어서 '평가'를 들으려고 하는 문화가 퍽 인상적이었다).

일하고 싶은 곳을 찾았으니 마음이 들떴다. 이곳에서 잘 배우고 경험을 쌓으면 나도 베이커리 카페를 운영할 수 있을 것이라는 기대가 컸다. 토론토에 와서 처음으로 맞이한 기쁜 순간이었다.

그러나 그곳에 들어간 지 몇 달도 지나지 않아 나는 그런 기대를 접을 수밖에 없었다. 베이커리 카페에서 내가 배운 것은 내가 배우고자 한 것이 아니었다. 내가 배우고 싶은 것은 배울 수가 없었다. 그럴 여건이 되지 않았다. 나는 20명이 넘는 가게 종업원 가운데 한 명일 따름이었다. 종업원들은 각자에게 주어진 단순한 일만 무한 반복했다. 무언가를 배운다기보다는 익숙해지기만 하는 단순 노동이었다.

샌드위치점에서의 일도 그랬지만 이곳에서의 일은 더 단순했다. 1층에서는 빵과 페이스트리, 샌드위치, 커피, 수프를 팔고, 지하에서는 빵과 페이스트리를 굽고 수프를 끓였다. 나는 지하에서 줄곧 빵과 페이스트리를 구워내고 설거지를 하고 청소를 했다. 지하에서는 남자 셋, 여자 셋이 8시간 동안 그렇게 각자 자기 일에만 매달렸다. 일은 매일 똑같았다. 모두 폴란드 사람이었고 한국 사람은 나 혼자였다.

주인은 나에게 베이커가 가진 모든 기술을 전수받으라고 했다. 무슨 이유인지는 몰라도 폴란드 사람인 베이커는 내가 일을 배우는 대로 가게를 그만둘 예정이었다. 주방에서 굽고 만들어내는 빵과 페이스트리는 수십 가지에 달했다. 이름도 낯설고, 굽는 방법도 모두 달랐다. 나는 작은 수첩을 왼쪽 가슴 주머니에 꽂고 베이커가 가르쳐주는 것을 낱낱이 적었다. 그가 떠나면 내가 알아서 해야 할 일들이었다. 그 기록은 나중에 내가 가게를 할 때도 크게 도움이 될 것 같았다. 내가 수첩에 열심히 적는 모습을 보면서 베이커는 빙긋이 웃으며 손가락으로 머리를 가리켰다. '그렇게 적는다고 될 일이 아니다', '적지 말고 기억을 하라'라는 뜻이었다.

그러나 꼼꼼히 적어가며 일을 배운다고 해서, 그런 것들이 나중에 내 가게를 할 때 별로 도움이 되지 않는다는 사실을 금세 알게 되었다. 물론 조금 도움이 되기야 하겠으나, 가게마다 나름의 특성이 있으니 그것은 가게를 인수하면서 배우면 될 일이었다.

나는 한국의 학원에서 배운 대로 직접 밀가루를 반죽해서 빵과 과자를 구워 파는 것을 상상하면서 베이커리 카페에 들어갔었다. 그러나 빵과 페이스트리, 과자는 밀가루 냉동 상품으로 외부 공장에서 공급받았고, 빵가게에서는 그것을 녹이고 부풀려서 구워내면 그만이었다. 나는 빵을 굽는 헬퍼로서 가게를 돌아가게 하는 톱니바퀴 가운데 하나일 뿐이었다. 단순 노동을 하는 헬퍼로서 베이커리 카페 전체가 어떻게 돌아가는지 배운다는 것은 불가능했다. 그런 것은 가게를 인수하는 과정에서 배울 수 있다는 사실을 나중에 가서야 알았다.

내가 베이커리 카페에서 배운 것은 아이러니하게도 베이커리 카페를 바로 하기가 어렵겠구나 하는 사실이었다. 그런 가게를 하려면 큰 자금을 가지고 매출 좋은 가게를 사면 되는 일이었다. 내가 일한 가게 주인 내외도 그렇게 했다. 그만한 가게를 얻으려면 돈뿐만 아니라 무엇보다 좋은 가게를 알아보는 안목이 있어야 했다.

베이커리 카페 주인 내외만 해도 오랫동안 서양식 레스토랑을 운영해온 사람들이었다. 그들은 『토론토스타』라는 신문에 나온 매각 광고를 보고 가게를 인수했다고 했다. 신문에 광고가 나온다 한들 알아보는 눈이 없다면 아무런 소용이 없다. 그것은 경험으로 만들어지는 안목이다.

샌드위치점에서는 배달을 다니면서 토론토 사람들을 만날 일이라도 있었으나 이곳에서는 만나는 사람도 한정되어 있었다. 지하에서 함께 일하는 동료들이었다. 정확하게 말하자면 내가 일한 곳은 베이커리 카페라기보다는 빵공장이었다.

나는 체력 하나만큼은 좋다고 자신했으나 그곳에서 일을 하다 보니 전혀 아니었다. 오전 5시에 출근해 8시간을 일하고 돌아오면 거의 고꾸라지다시피 했다. 손가락 마디마디가 아팠다. 오븐에 빵을 굽고 빼고 옮기고 하는 일은 중노동이었다. 밀가루 포대 같은 음식 재료를 나르는 것도 보통 일이 아니었다. 노동 강도가 샌드위치점보다 훨씬 셌다. 일주일에 하루만 쉬어서 더 힘들 수도 있었다.

나는 그곳에서 6개월을 일했다. 더 있어봐야 배울 것은 없었다. 숙련도가 높아져도 임금이 금방 오르는 것이 아니었다. 하루는 주인이 "힘든 일을 하고 있으니 임금을 올려주겠다"고 해서 조금 기대했으나, 올랐다는 것이 고작 시간당 50센트에 불과했다. 이곳의 임금 문화 가운데 하나를 배운 것으로 만족했다.

그곳에서 버는 돈으로 생활비라도 충당할 수 있다면 모르겠으나, 최저 임금보다 50센트 많은 돈을 받고 있으니 그곳에서 일하는 것이 더 이상 의미가 없었다. 샌드위치점과 베이커리 카페에서 1년 가까이 일을 하고 보니 몸은 자영업에 조금 적응을 한 것 같았다. 그러나 가게 바깥의 자영업 세계가 어떻게 돌아가는지 도무지 알 수가 없었다. 이제는 그 세상을 들여다보면서 나에게(특히 내가 가진 자금에) 맞는 가게를 찾고 싶었다.

## 동포신문 기자가 되어 자영업 베테랑들을 만나다

그렇다 해도 아무 벌이도 없이 다른 가게들 구경만 하며 지내기에는 마음이 불편했다. '무보수로라도 일을 배우겠다'는 호기는 어영부영 사라졌다. 초조하고 마음이 급했다. 지금 생각하면 그럴 필요가 전혀 없었는데도 말이다.

그즈음 한인 동포신문에서 일하던 지인한테서 연락이 왔다. 동포신문에서 기자를 찾고 있다고 했다. 그곳에서 잠시 일하면서 세상 돌아가는 것을 파악해도 좋겠다는 생각이 들었다. 일종의 타협이었다. 동포신문에서 일을 하면 무엇보다 사람 만나기가 쉽고, 동포신문에 오르는 가게 매매 같은 정보를 빨리 접할 수도 있었다.

나는 자영업 베테랑들을 일부러 많이 찾아다녔다. 그들이 들려준 이야기는 내게도 유익했지만, 그렇게 해서 작성한 기사는 한국에서 온 다른 초기 이민자들에게도 두루 도움이 되었을 것이다. '새로 온 이민자들을 돕겠다'며 나 같은 사람들한테 돈을 투자하라고 권유하는 유력 인사도 있었는데, 수십 년간 자영업자로 살아온 이민 선배들은 그런 일을 경계하라고 넌지시 알려주기도 했다.

그들을 만나 배우고 정보를 얻는 한편으로, 각종 정보지에 오르는 매물들을 눈여겨보았다. 특히 캐나다 최대 일간지 『토론토스타』 주말판을 탐독했다. 거기에 가게 매물 정보가 많이 올라오곤 했다. 신문을 보고 가게를 직접 찾아가보면 마음에 드는 것이 거의 없었다. 그래도 시간만 나면 찾아갔다. 외국인 주인을 만나 대화하는 것만으로도 공부가 되었다. 주인과 이야기를 오래 나누다 보면 가게의 문제점들이 포착되기도 했다. 헬퍼로 일하고 자영업 베테랑들을 만나서 배웠던 것들이 판단을 하는 데 적잖게 도움이 되었다.

괜찮다 싶은 가게가 나와서 매입 제안서(여기서는 '오퍼'라 불린다)를 넣기 직전까지 간 것도 몇 차례 있었다.

빵가게가 매물로 나왔다길래 가보았다. 토론토에서 1시간가

량 떨어진 작은 도시에 있는 가게였다. 내가 운영하기에 적당한 규모였다. 주인을 만나 이것저것 물어보고, 주인 몰래 두 번 정도 더 가서 가게를 살펴보았다. 가게에서 좀 떨어진 주차장에 차를 세우고 가게에 드나드는 손님 숫자를 세어보기도 했다. 자영업 베테랑들한테서 배운 방법이었다.

가게 주인이 말하는 한 달 수입은 꽤 괜찮았다. 가게 인수 계약서에 사인을 하기 전에 정확하게 매상 체크를 해서 가게 주인의 말이 사실인지를 따져봐야겠지만, 주인 말만 듣고도 마음이 설렜다.

토론토에서 권리금을 주고 가게를 인수할 때, 절차는 이렇다. 매물로 나온 가게에 오퍼 넣기→매상 체크→트레이닝 받기→계약서 최종 사인. 계약서에 사인을 할 때는 가게를 파는 사람과 사는 사람이 각각 변호사를 선임해 그 절차를 진행한다.

가게를 인수하는 과정에서 가장 중요한 사항은 매상 체크이다. 보통 '주매상이 얼마다' 하고 가게를 내놓는데, 주매상에 따라 가게의 권리금이 결정된다. 주말에 가게 문을 여느냐 닫느냐에 따라 권리금이 달라지기도 한다. 일주일에 하루라도 쉴 수 있으면 권리금이 당연히 높다. 운영하기가 쉬우면 권리금이 비싸고, 그 반대면 권리금도 싸게 마련이다.

매상 체크 말고도 고려할 사항들은 많다. 임차 기간과 조건도 살펴봐야 하고, 가게 근처에 경쟁 업종이 새로 들어올 가능성이 있는지도 알아봐야 한다. 비싼 권리금을 주고 커피점을 인수했는데, 근처에 캐나다 최강의 커피 프랜차이즈 팀호튼스가 문을 여는 바람에 인수한 지 몇 달 만에 가게 문을 닫는 경우도 있었다고 들었다.

가게가 내는 세금 액수도 당연히 살펴봐야 한다. 매출과 관계가 있기 때문이다. 가게를 사겠다는 의사를 표시하는 '오퍼'를 넣으면 사흘에서 일주일 정도 가게 안에서 매상 체크를 할 수 있다. 매상 체크를 할 때도 주의할 것이 많다. 가게를 파는 사람이 체크하는 기간에 매상을 부풀릴 수도 있었다. 자기 가족과 친척, 친구들을 동원하는 경우도 있다. 마음만 먹으면 나 같은 초보자를 속이기는 쉬운 일이다. 그러니 신중하게 접근해야 한다는 이야기를 숱하게 들었다.

오퍼 서류를 작성해서 빵집 주인에게 가기 직전, 샌드위치점을 오랫동안 운영하다가 은퇴한 학교 선배님한테 전화를 해보았다. 그야말로 마지막 점검이었다. 다른 사람들한테 이런 것을 물어보면 대부분 "하지 말라"고 했다. 그래서 물어보는 것이 조금씩 꺼려지는 시점이었으나, 학교 선배님은 믿을 만한 분이니 한 번만 더 물어보자는 생각이 들었다.

그 선배님은 말했다.

"나는 빵집에 대해서는 잘 몰라. 그런데 이름을 보니 그 빵집은 예전에 프랜차이즈였던 곳이네. 본사가 망해서 가게들이 독자적으로 운영한다는 소리를 들은 적이 있어. 똑같은 가게를 다른 지역에서 운영하다가 은퇴한 사람을 아는데, 소개해줄게. 그 사람 의견을 한번 들어봐."

선배님이 소개해준 사람과 통화를 했다. 그이는 뜻밖에도 단호하게 말했다.

"그거 하지 마세요."

"가게가 잘되는 거 같고, 권리금도 그 정도면 적당하던데요?"

"생활비는 벌겠지만 고생을 너무 많이 해요. 팔려고 하는 사람도 틀림없이 몸이 아파서 빠져나오려고 하는 거예요. 쉬는 날이 없잖아요. 그거 했다가는 골병들어요. 우리는 가게 그만둔 지 5년이 넘었는데, 지금도 아내가 몸이 아파요. 후유증 때문에요."

다른 사람에게, 더군다나 얼굴도 모르는 사람에게 이렇게 분명하게 말해주는 것은 참 어려운 일이다. 내 선배님의 부탁이니 제대로 말을 해준 것 같았다. 가게 주인이 가게를 운영한 것은 3년 정도밖에 되지 않았다. 그러나 나는 그 점을 간과하고 있었다. 그저 "좀 더 큰 가게를 알아보려고요"라는 말을 듣고 그러려니 했었다. "그 사람들 빠져나오려고 그러는 거예요"라는 제3자의 객관적인 판단을 무시할 수 없었다. 나는 오퍼 넣는 것을 포기했다.

## "가게를 살 때는
## 좀 덜 속고 산다고 생각하는 것이 좋아."

관심 있는 특정 가게를 두고 이렇게 명확한 조언을 들은 경우도 있지만, 동포신문 기자로 일하면서 만난 자영업 베테랑들한테서는 가게를 인수하기 전에 고려해야 할 기본 사항들을 주로 많이 들었다. 자영업 종사자들을 만나기만 하면 나는 물었다.

"자영업을 처음 시작하려는 나 같은 사람은 어떤 것을 신경 써야 할까요?"

자영업 선배들은 자기 경험을 바탕으로 한마디씩 들려주었다.

"일주일에 하루는 꼭 쉴 수 있는 비즈니스를 해야 해. 쉬는 날을 기다리며 일을 해야 덜 힘들거든. 하루도 못 쉬면 오래 못해."

"가게를 살 때는 좀 덜 속고 산다고 생각하는 것이 좋아."

"계약서의 '리스'(계약 기간)에 '데몰리션' 규정(건물주가 건물을 새로 지으려 하면 언제든 가게를 비워주어야 한다는 규정)이 있는지 본인이 꼭 살펴봐. 변호사가 체크해줄 거라고 믿으면 안 돼."

어떤 선배에게는 이런 질문을 한 적도 있었다.

"저는 초보자니까 권리금 비싼 큰 가게보다는 작은 가게를 인수해서 키우는 것을 목표로 하는 게 더 좋지 않을까요?"

"그 반대로 해야지. 권리금이 비싸면 비싼 이유가 있는 거야. 운영하기가 그만큼 쉽다는 얘기야. 작은 가게를 키우는 것은 우리 같은 '선수'들도 하기 어려워. 초보자는 권리금을 많이 주더라도 쉽게 운영할 수 있는 것을 찾아야 해. 내 생각은 그래."

오퍼를 넣기 직전까지 갔다가 깨지면 상실감이 생기게 마련이다. 좋은 가게를 찾았다는 기대감이 사라졌기 때문이다. 그런 과정에서 고마운 사람들을 만나기도 했다.

한번은 꼭두새벽에 일하는 한인 동포들을 취재할 일이 있었다. 도매시장인 토론토 푸드터미널에 가서 한인 청과상들을 만났다. 새벽 4시경에 과일과 채소, 꽃을 사러 나온 사람들이었다. 일을 마치고 아침을 함께 먹었다. 베이글과 커피였다. 나는 그 자리에서 또 물었다.

"어디 좋은 가게 없을까요? 아는 데 있으면 소개 좀 해주세요. 저도 가게를 하고 싶어서요."

나이 든 어른 한 분이 농담 삼아 말했다.

"내가 곧 은퇴할 텐데, 우리 가게 관심 있어요?"

나는 그다음 날 그분의 가게로 찾아갔다. 수십 년 운영했던 주인이 은퇴하는 가게라면 인수해도 좋다는 말을 나는 들은 적이 있었다. 어떤 업종이 되었든 그 가게를 운영하면서 한 가족이 수십 년 살아왔을 테니 그렇다는 얘기였다.

청과가게는 일주일에 하루도 쉴 수 없는 곳(1년에 딱 하루, 12월 25일 성탄절에만 문을 닫는다고 했다. 편의점도 그렇다)이었지만 나로서는 그런 조건을 따질 계제가 아니라는 생각이 들었다. 어떤 가게가 되었든 안정된 수입만 보장된다면 하루라도 빨리 인수하고 싶었다.

가게 주인은 나에게 권리금으로 줄 만한 돈이 얼마나 있느냐고 물었다. 내가 말한 액수를 듣더니 그 정도면 된다고 했다. 그러고는 시간 날 때마다 와서 가게 돌아가는 것을 먼저 살펴보라고 했다.

주인은 가게가 있는 3층 건물의 주인이기도 했다. 1층에는 가게가 있고, 2층은 세를 주었고, 3층에는 주인 가족이 살고 있었다. 가게를 해서 번 돈으로, 가게가 들어 있는 작은 건물을 아예 샀다고 했다. 나는 질문을 많이 했다. 그 가운데서 지금도 기억에 선명하게 남아 있는 것이 있다.

"가게 운영하느라 여행도 별로 못 가셨겠네요."

"몇 년 전에 밴쿠버에 며칠 다녀왔고, 그전에는 오타와에 한 번 다녀왔어요. 여행은 은퇴하고 나서 실컷 다니려고요."

말하자면 가게에 묶여서 30년 동안 여행이라고는 두 번밖에 하지 못했다는 얘기였다. 그 말을 듣고도 나는 '돈만 벌 수 있다면야 그 정도는 나도 감수하겠다'는 생각이 들었다. 그런데 내가 그 가게를 두어 달을 드나들었는데도, 주인은 가타부타 말이 없었다. 언제 가게를 인수할 수 있을지 하루하루를 초조하게 지내던 차에, 어느 날 주인이 가게 바깥에서 보자고 했다. 주인은 심각한 표정으로 말했다.

"가게를 넘기기가 어렵겠어요."

이제는 가게를 하게 되나 보다 하고 기대를 하고 나갔던 나로서는 실망이 이만저만이 아니었다. 이유를 물었다.

"가게를 넘기려고 최근 몇 년 매출을 월 단위로 정확하게 살펴봤어요. 요즘 경기가 좋지 않은 건 알고 있었지만 매출 떨어지는 추세가 심각해 보이네요. 나처럼 오래 해온 사람이라면 어떻게든 꾸려나갈 수 있겠지만 초보자가 하기에는 어려워 보여요."

돌이켜보면 그이는 참 고마운 사람이었다. 주인이 나쁜 마음을 먹으면 1층 가게를 나에게 권리금을 받고 팔고 매달 임차료를 챙기면 되는 일이었다. 만약 내가 망하면 '초보자라서' '내가 가르친 대로 안 해서'라는 말을 할 수도 있었다. 그러나 그는 그렇게 하지 않았다. 그는 좋은 사람이었다.

나중에 지나가는 길에 한번 들렀더니, 주인 아들 내외가 채소와 과일도 취급하는 편의점으로 만들어 장사를 하고 있었다.

## 곳곳에 지뢰……
### "그냥 몇 년 놀아라"의 참뜻

이런 식으로 고마운 분은 또 있었다. 동창회 모임에 나갔다가 수십 년 동안 편의점을 운영해온 어느 선배님이 하는 말을 우연히 들었다. "나, 내년에 은퇴할 거야." 나에게는 귀가 솔깃해지는 고급 정보였다.

그 선배님을 찾아가서 은퇴할 때 편의점을 내게 넘겨주십사 하고 조심스럽게 부탁드렸다. 선배님은 시간을 두고 생각해보자고 했다. 나는 한 달에 한두 번 찾아가서 인사하고 가게 분위기를 살폈다. 집에서 김치를 담으면 한 통 들고 가기도 했다. 선배님은 언론 분야에 관심이 많아서 나와 대화하는 것을 좋아했다. 그렇게 몇 달을 드나들었다. 하루는 선배님이 커피점에서 보자고 하더니 지난번 가게 사장과 비슷한 이야기를 했다.

"얼마 전 이 주변에 편의점이 하나 새로 문을 열었네. 근처 주유소에도 편의점이 생겼고. 이 지역에서는 오랫동안 내가 독점하다시피 했는데, 앞으로는 경쟁이 치열해질 거야. 초보자가 하기에는 상황이 너무 안 좋아."

자칫하다가는 내가 가진 정착 자금을 모두 날릴 수 있으니 포기하라는 말이었다. 선배님이 그렇게 분명하게 말을 해주니 나로서는 오히려 고마웠다. 그런 정보는 가게를 넘기는 사람이 굳이 말하지 않아도 되는 것이었다. 주변 환경을 조사하는 것은 인수자가 해야 할 일이다. 나중에 들어보니, 선배님은 편의점을 여러 개 운영 중인 사람에게 가게를 넘겼다고 했다.

이런 경우와는 반대되는 이야기도 많이 접했다. 나한테 일어난 일이 아니라서 정말 다행이다 싶을 정도였다. 나처럼 가게를 처음 하려는 사람들, 다시 말해 캐나다 물정에 어두운 사람들을 상대로 벌인 거의 사기에 가까운 일이었다.

어떤 업종이 되었든 가게를 하게 되면 내가 한국에서 가져온 자금을 모두 넣는 '올인'(물론 돈 많은 사람이야 다르겠지만)이어서 두드린 돌다리도 다시 두드려봐야 했다. 기댈 곳 없는 낯선 땅에서 내가 믿을 것이라고는 '돈'밖에 없었다. 나에게는 서울의 아파트를 처분한 자금과 회사 퇴직금이 전부였다. 그것을 날리면 내 가족 모두가 불행해질 수밖에 없었다. 나는 사기 혹은 사기에 가까운 사례들을 마치 수집하듯 챙겼고, 최대한 자세히 알아두려고 했다. 그런 사례는 많이 알면 알수록 좋았다. 지뢰를 피해 가려면 불가피한 공부이기도 했다.

어떤 지인이 경험한 이야기이다. 대형 건물 지하에서 성업 중이던 베이글 가게가 부동산 중개인을 통해 급매물로 나왔다. 이유는 주인의 '급거 귀국'. 한국에 빨리 돌아가야 할 사정이 생겨서 가게를 급하게 처분한다는 이야기였다. 아침 점심 장사만 하고 오후 4시면 문을 닫는데다, 일주일에 5일만 여는 가게였다. 부부 두 사람이 일해서 생활비를 가져갈 수 있다면 그만큼 좋은 가게도 찾아보기 어려웠다.

소식을 듣자마자 지인은 가게를 놓칠세라 재빨리 달려갔다고 했다. 가게를 둘러보고 바로 '오퍼'를 넣기로 했다. 오퍼를 쓰기 전날 저녁, 근처에 볼일이 있어서 갔다가 가게 옆 편의점에 들렀다. "다음 달부터 베이글 가게를 하게 될 사람입니다"라며 인사했더니 편의점 주인이 혼잣말하듯 말했다. "다음 달에 저쪽 편에 팀호튼스가 들어온다는 소문이 있던데……"

팀호튼스는 커피점이지만 도넛, 샌드위치, 베이글에 수프까지 만들어 파는 '간이 식당'이라고 보면 정확하다. 간편한 식사도 할 수 있는 곳이어서, 캐나다 최강 프랜차이즈가 근처에 들어오면 작은 베이글 가게는 바로 문을 닫아야 할 수도 있다. 베이글 가게가 급매물로 나온 이유가 따로 있었던 것이다.

베이글 가게를 인수하려던 지인은 위기에서 벗어났지만, 이런 식으로 덤터기를 쓰게 되는 경우를 주변에서 종종 목격하기도 했다. 역시 '급거 귀국'을 이유로 가게 하나가 매물로 나왔다. 비싼 권리금을 주고 가게를 인수한 사람은 2년 만에 그 자리에서 쫓겨났다. 이유는 건물 리모델링. "20년 넘은 가게이니 리모델링을 하더라도 건물주가 같은 조건으로 가게를 계속하게 해줄 것"이라는 전 주인의 말을 온전히 믿은 것이 잘못이었다. 전 주인의 말은 절반만 맞는 것이었다. 가게를 계속하게는 해주었으나 새로운 조건을 내세웠다. 임차료 4배 인상. 그것은 손들고 나가라는 말과 다름없었다. 가게 매상은 정해져 있는데, 임차료를 터무니없이 올려버리면 감당할 방법이 없다. 크게 적자를 보며 장사를 계속하는 건 불가능에 가깝다.

내가 가게를 찾는 와중에 이런 식의 별의별 이야기가 다 들려왔다. 부동산 중개인을 하는 어떤 지인은 자기 업계의 '빌런' 이야기를 들려주었다. 새로 온 이민자들에게 부실한 가게를 사고팔게 하면서 중개료 챙기기를 전문적으로 하는 중개인이 있다는 것이다. '폭탄 돌리기' 전문가였다.

"인수자가 막상 가게를 시작해보면 전 주인이 이야기했던 것만큼 매상이 나오지 않아서 낙담을 하죠. 신참한테 매상 속이는 것은 별로 어려운 일이 아니거든요. 그런데 문제는 그렇게 속았어도 인수자가 중개인을 대놓고 비난할 수가 없다는 겁니다. 일정한 시간이 지난 후에 그 중개인에게 가게를 팔아달라고 의뢰를 해야 하거든요. 그렇게 해서 자기도 다른 신참에게 가게를 떠넘기고 빠져나가는 거죠. 그러면서 중개인은 중개료를 계속 챙기고."

친분을 교묘하게 이용한 사례에 대해서도 들은 적이 있다. 어느 신참 이민자가 프랜차이즈 식당을 운영하던 선배에게 당한 사기에 가까운 일이었다. 이민을 와서 만난 어떤 사람이 고향과 고교 선배였다. 후배는 선배가 운영하는 식당을 자주 드나들었다. 식당은 늘 붐볐다. 후배는 말했다.

"나는 언제쯤 이런 가게를 할 수 있을지 모르겠네요. 정말 부러워요."

선배는 뜻밖의 제안을 했다.

"이런 식당을 해볼 생각이 있어? 안 그래도 가게를 내놓을까 생각하는 중인데, 관심 있으면 네가 맡아서 해봐. 좋은 조건에 줄게."

자기 가게를 찾으며 벌이도 없이 몇 년째 살고 있는 사람에게, 타지에서 만난 선배라는 사람이 이런 제안을 해온다면 감격할 수밖에 없다. 더군다나 선배의 식당이 얼마나 잘되는가를 자기 눈으로 직접 확인한 후였다. 계약서에 서명을 하기 직전에 선배는 말했다.

"야, 우리끼리 하는 계약인데 괜히 돈 들여서 변호사 쓸 필요 있어? 양측 변호사 비용이 너무 아깝잖아. 권리금을 그만큼 더 깎아줄 테니, 술이나 한번 사라."

캐나다 문화를 잘 모르던 후배는 선배의 말을 의심하지 않았다. 식당을 인수한 직후 후배는 속았다는 사실을 알았다. 그 가게는 1년짜리였다. 프랜차이즈 본사와의 계약이 1년밖에 남지 않았고, 본사는 전 사장에게 그 사실을 이미 통보한 터였다. 가게나 주택을 사고팔 때 양측 계약 당사자들은 각기 변호사를 수임한다. 변호사들은 매물과 관련한 모든 사항들을 꼼꼼하게 검토한다. 본사와의 계약이 1년밖에 남지 않았다는 사실은 변호사가 있었더라면 짚어냈을 문제였다. 후배는 마음도 크게 다쳤다.

자영업 희망자가 피해 가야 할 또 다른 '지뢰'는 프랜차이즈의 횡포. 이민을 와서 보니, 대형 빌딩이나 쇼핑몰에 있는 프랜차이즈 커피점들이 참 근사해 보였다. '저런 커피점을 운영하면 좋겠다'는 부러운 마음이 절로 생겨났고, 매물로 나온 가게를 몇 차례 가보기도 했었다.

시간이 지나면서, 일부 커피 프랜차이즈에서 벌어진 기가 막힌 사연들을 듣고 보니 그런 일들을 피해 갈 수 있어서 참 다행이다 싶었다. 처음 계약을 할 때 프랜차이즈 본사는 일반적으로 '5년+5년'(5년이 지난 후 조건을 바꿔 5년 재계약한다는 의미)을 임차 기간으로 준다. 건물주와 계약하는 당사자는 프랜차이즈 본사이고, 가맹업주는 프랜차이즈 본사와 계약을 하는 형식이다.

5년을 운영한 뒤 재계약할 때가 되면 프랜차이즈 본사가 '마각'을 드러내는 경우가 종종 있다. 계약서에 기재된 리노베이션 조항을 근거로 얼토당토않은 요구를 하는 것이다. 그 조항은 본사가 지정한 공사업체한테만 리노베이션을 의뢰할 수 있다는 것인데, 그 업체는 터무니없이 비싼 비용을 요구한다. 일반 업체에서 견적을 받으면 3만 달러(약 3천만 원)면 충분한데, 프랜차이즈 본사가 지정한 업체는 그 10배를 요구하는 식이다. 프랜차이즈 본사가 리베이트를 받으려고 그런다는 것은 쉽게 짐작할 수 있는 일이다.

가맹업주로서는 5년 전에도 수십만 달러(수억 원)의 권리금을 내고 들어왔는데, 5년 만에 또다시 큰돈을 들일 수는 없는 노릇이다. 설사 돈을 써서 가게 운영을 5년 연장한다 하더라도, 그다음에도 똑같은 문제가 불거질 수 있다. 이런 상황이라면 대다수 가맹업주가 포기하고 나온다. 프랜차이즈 본사로서는 아쉬울 것이 없다. 새로운 이민자들 가운데 가맹점 희망자가 또 있으리라 여기는 것이다. 이민자의 나라에서나 볼 수 있는 일이다.

내가 겉으로 화려해 보이는 프랜차이즈 가게는 하지 않겠다고 결심한 것은 이런 이야기들을 여러 차례 들었기 때문이다. 커피점뿐만 아니라, 샌드위치점, 편의점, 식당, 간이세탁소 같은 업종에서도 유사한 일들이 벌어진다. 내 지인 한 사람은 프랜차이즈 편의점을 운영하다가 본사의 '빌런 짓'에 시달리다 못해 몇 년 만에 가게를 헐값에 팔고 나왔다. 헐값이라도 건지면 그나마 다행이다. 투자금을 모두 날리고 빈손으로 나오는 경우도 허다했다.

가게를 시작한 지 5년 뒤 역시 리노베이션 비용으로 건물주가 20만 달러를 요구하는 바람에 가게를 접고 나온 사람도 알고 있다. 5년 전 가게를 인수하면서 투자했던 권리금은 모두 포기할 수밖에 없었다.

(유사) 사기 사건과 프랜차이즈 본사 및 건물주의 횡포 같은 일은 이민자 사회에서 비일비재하다. 나 같은 이민 초보자들이

어떻게 당했다 혹은 당할 뻔했다는 이야기를 전해 들을 때마다 말 그대로 간담이 서늘해졌다. 나에게 그런 불행이 닥치지 않는다는 보장이 없었다. 그것을 피해 가는 특별한 방법은 없어 보였다. 그저 조심하며, 따질 만큼 따져보는 것 외에는 달리 방법이 없었다. "그냥 몇 년 놀아라"라고 했던 이민 선배들의 말이 시간이 지날수록 실감이 났다. "물정 모르고 덤볐다가는 낭패를 보기 십상이다"라는 뜻이었다. 한 번 실패하면 회복하기가 거의 힘들다고 보면 된다. 누구의 도움도 기대할 수 없는 낯선 땅이기 때문이다.

## 동포신문

동포신문에서 하는 일은, 일 자체를 놓고 보면 별로 어렵지 않았다. 한국인 10만 명을 대상으로 하는 신문이다 보니 동포사회 관련 기사는 별로 많지 않았다. 동포신문은 한국 일간지를 제호로 하고 있어서, 지면 대부분은 하루 지난 한국 신문 기사로 채워졌다. 거기에 동포신문이 제작한 지면 2~3면을 붙였다.

그 2~3면에도 취재 기사보다는 캐나다 일간지들을 번역한 기사가 많았다. 그러다 보니, 번역 기사 또한 뉴스로서는 늘 하루가 늦었다. 그래도 동포신문은 동포사회에서 나름 의미가 컸다. 인터넷이 없던 시절에는 동포사회의 소식을 전하는 거의 유일한 매체였다. 번역 기사를 많이 싣는 이유에 대해서는 편집국장이 내게 이렇게 말했었다.

"비즈니스 하느라 바빠서 캐나다 신문을 못 챙겨 보는 한인 동포들이 많거든요. 그 사람들한테 읽기 쉬운 한글로 캐나다 소식을 전한다고 생각하면 돼요."

캐나다에서는 모든 일이 꼭두새벽에 시작되는 것 같았다. 내가 일했던 샌드위치점과 베이커리 카페도 그랬다. 동포신문도 오전 7시 출근이었다. 편집국장이 그날치 캐나다 신문에서 기사들을 오려주면 기자 4명이 오전 내내 그것을 나누어 번역했다. 한인 동포들이 꼭 알아야 할 캐나다 뉴스와 동포들에게 도움이 될 만한 실용 뉴스가 주로 많았다. 『토론토스타』『글로브앤메일』 기사가 대부분을 차지했고, 『토론토선』과 『내셔널포스트』 기사도 간혹 있었다. 번역을 해가며 신문 기사를 꼼꼼하게 읽다 보니, 내용이 퍽 재미있었다.

이민을 오자마자 나는 『토론토스타』(온타리오주에서 발행되는 지역 신문이지만 캐나다 최대 발행 부수에, 영향력 또한 가장 크다. 이민자와 성 소수자 등 사회 약자에게 호의적인 진보 신문이다)를 구독했지만 기사를 읽는 것이 쉽지 않았다. 제목만 보고도 내용을 대충 알 수 있는 한국 신문과 달리, 캐나다 기사는 적어도 두세 번은 읽어야 내용을 파악할 수 있었다. 기사 배경에 대해 잘 몰랐고 기사 작성 스타일도 한국 신문과는 많이 달랐다.

기사 번역 덕분에 캐나다 신문 기사에도 금방 익숙해졌다. 나는 2003년 당시 가장 뜨거운 뉴스였던 광우병과 자동차 보험에 관한 기사 '전문 번역가'였다. 내가 원한 게 아니라, 편집국장이 그쪽 관련 기사는 모두 내게 주었다. 동포신문 기자 4명 가운데 기자 출신은 나 한 사람뿐이어서, 가장 중요한 내용을 나에게 맡긴다고 했다. 번역을 하는 데 기자 출신이 무슨 소용이냐 싶었지만 그래도 내가 맡는 것이 조금 다르기는 했던 모양이다.

덕분에 광우병에 대해 캐나다가 얼마나 철저하게 관리하는지 잘 알 수 있었다. 광우병 뉴스가 날이면 날마다 이어져도 소고기 소비는 줄어들지 않았다. 이유가 있었다. 소비자들이 정부 당국의 발표를 전적으로 신뢰하는 것 같았다. 정부가 숨기기는커녕 귀가 따갑도록 자주 알리고 설명하는 바람에 광우병 쇼크에 오히려 무덤덤해지는 것이 아닌가 하는 생각이 들었다.

자동차 보험료는 9·11 테러 사건의 여파로 북미에서 천정부지로 치솟던 중이었다. 토론토의 한 달 치 보험료가 서울의 1년 치 보험료와 비슷했다. '교통 티켓을 받으면 보험료가 오르니 조심하라' '토론토는 왜 밴쿠버보다 보험료가 비쌀까?' 같은 내용이 하루가 멀다 하고 신문 지면에 올라왔다.

같은 분야를 몇 달 동안 계속 번역하다 보니 마치 내가 광우병과 자동차 보험 전문가가 된 것 같았다. 주변 사람들을 만나면 내가 설명을 해줄 정도였다. 2003년 여름에 치러졌던 온타리오주 총선 관련 기사도 줄곧 번역했다. 캐나다 정치에 대해 조금은 감이 잡혔다.

그러는 와중에 소소한 특종도 몇 개 했다. 나이지리아 출신 사람들이 한인 부동산 중개업자들을 상대로 사기 친 사례를 기사로 써서 피해를 막았다. 토론토 로열온타리오 미술관(ROM) 수장고에 구한말 풍속화가 기산 김준근의 그림이 수십 점 있다는 기사도 나름 의미가 있었다. 그런 기사를 쓰면 신바람이 났다.

애초에 동포신문에 들어온 목적이 사람들을 만나고 세상이 어떻게 돌아가는지를 보는 것이었던 만큼 나는 동포사회 기사를 많이 쓰려고 애를 썼다. 앞서 언급했듯이, 업종을 불문하고 자영업 베테랑들을 주로 만났다. 그들에게 자영업을 하려 하는 초보 이민자 입장에서 질문을 했다. "가게는 어떤 방식으로 찾는 것이 좋은가?" "가게를 찾으면서 조심해야 할 점은?" "당신이 하고 있는 업종의 좋은 점과 안 좋은 점은?" 나와 같은 처지의 이민자들이 궁금해할 만한 질문들이었다.

동포신문 일은 할 만했지만 시간이 지날수록 마음이 편치 않았다. 자칫하다가는 여기에 그냥 안주할 수도 있겠다는 생각이 들었다. 기자로 일하기에는 '바닥'이 너무 좁았다. 무엇보다 월급이 적어서 생활하기가 어려웠다. 자꾸 이런 생각이 들었다.

'내가 이거 하려고 캐나다 왔나.' 샌드위치점에서 헬퍼로 일할 때는 한 번도 하지 않던 생각이었다.

캐나다에 온 지 30년이 넘은 어느 선배가 이런 말을 하더라고 친구가 내게 전해주었다.

"우제는 빵집에서 일 잘 배우고 있다가 왜 저기서 저러고 있는 거야?"

평소 좋아하던 선배의 말이다 보니 마음에 많이 걸렸다. 1년을 일하겠다고 계획했으나 5개월이 지나자 그만두어야겠다는 생각이 들었다. 5개월 동안 사람도 많이 만났고, 매물로 나온 가게들도 많이 둘러본 터였다. 때마침 내가 할 만한 가게를 만나기도 했다.

## 값비싼 운동화와 안경
## 그리고 잦은 부상

이쯤에서 캐나다로 건너온 이후에 달라진 내 차림새에 대한 이야기를 하고 싶다. 한국에서 직장 생활을 할 때도 나는 옷을 비교적 자유롭게 입고 다녔다. 언론사의 옷 입는 문화가 일반 회사에 비해 조금 자유롭기도 했거니와(요즘과 달리 내가 이민을 올 당시만 해도 회사원들은 거의 모두 정장에 넥타이 차림이었다), 나는 줄곧 문화부에서만 일을 해서 정치부나 경제부 기자처럼 넥타이를 맬 일이 거의 없었다. 늘 캐주얼 차림이었고 신발도 구두 대신 캐주얼화를 신었다.

토론토에서 샌드위치점 헬퍼로 나가면서도 복장은 별로 달라지지 않았다. 여름에 일을 시작했던 터라, 면바지에 폴로 티셔츠, 캐주얼 신발을 신었다. 이 정도면 몸을 쓰는 일을 하는 데 별 지장이 없었다.

함께 일하던 다른 사람들의 신발이 눈에 들어왔다. 남녀 불문하고 모두가 유명 브랜드의 값비싼 운동화를 신고 있었다. 출근을 하면 유니폼으로 갈아입었으니, 옷에 대해서는 관심 가질 것이 없었다. 그들이 밑창이 두툼한 최고급 운동화를 신은 이유를 곧 알게 되었다. 헬퍼 아주머니 한 분이 "가벼운 운동화를 신으세요. 그래야 덜 힘들어요"라고 말했다. 반신반의하면서도 그분의 말을 따랐다.

가게 근처에 운동화 전문 매장이 있었다. 방수도 되는 가벼운 운동화를 골랐다. 그때까지 내가 구입한 신발 가운데 가장 비싼 것이었다. 운동화를 신으니 일하기가 한결 수월했다. 가볍고 쿠션이 좋아서 피로감이 훨씬 덜한 것 같았다. 그때 이후 지금까지 나는 운동화를 신는다. 나 같은 자영업자에게 운동화는 '작업화'이다. 작업화를 여러 켤레 구입해 번갈아가며 신는다. 계절이 바뀌면 작업화도 바꿔 신는다. 지금은 운동화가 여섯 켤레쯤 된다. 열 켤레 넘는 달리기 운동화는 빼고.

　구두는 캐나다에 건너온 이후 거의 신을 일이 없었다. 1년에 한두 번 신을까 말까 했다. 한국에서 가져왔던 구두는 지금도 신발장 안에 고이 모셔져 있다. 구입한 지 20년이 넘은 금강제화 구두이다.

　신발뿐 아니라 안경도 바꾸어야 했다. 캐나다에 건너올 때 내가 쓰던 안경테는 덴마크 수제품인 '린드버그'였다. 2020년을 전후해 한국에서 유행한, 일명 '문재인 안경테'라고 불리던 제품이다. 린드버그는 세계에서 가장 가벼운 안경이라고 했다. 어느 선배가 유럽 유학생을 통해 구입해 쓰는 것을 보고, 뉴욕 출장 중 맨해튼을 뒤져서 나도 그것을 사들고 왔었다. 1998년께였다. 당시만 해도 한국에서는 거의 볼 수 없는 안경테였다.

　4년 이상을 썼으나 안경에 문제가 생기는 경우는 없었다. 이민을 올 때도 당연히 같은 안경이었다.

　샌드위치점에 헬퍼로 일을 나갈 때까지만 해도 안경은 무사했다. 땀을 많이 흘려서 안경을 자주 벗고 닦아야 했지만 문제 될 일은 없었다. 베이커리 카페로 자리를 옮긴 후 몇 주 만에 문제가 발생했다. 오븐 앞에서 빵을 구워내면서 땀을 더 많이 흘렸다. 안경을 자주 벗었다 썼다 하다 보니, 어느 날 안경테가 부러지고 말았다. 안경은 신발과 달랐다. 가볍다고 좋은 것이 아니었다. 린드버그는 땀을 많이 흘리는 육체노동에 어울리는 안경이 아니었다.

이후에도 한국에 있을 때보다 안경을 훨씬 자주 바꾼다. 한국에 나갈 때마다 안경을 두세 개씩 만들어 왔다. 캐나다는 안경이 한국보다 많이 비싸다.

캐나다에 와서 처음 경험하는 육체노동은 예상했던 것보다 많이 힘들었다. 안경테가 부러지는 것은 아주 사소한 일이었다. 나는 크고 작은 부상을 자주 당했다. 가장 심각한 것이 허리 부상이었다. 앞서 말했듯이 샌드위치점에서 일하며 입은 허리 부상 후유증으로 지금도 1년에 한두 번은 고생을 한다. 한번 아프면 일주일은 간다.

샌드위치점이나 베이커리 카페에서는 '불'과 '열'을 사용했다. 잠시만 긴장을 풀어도 부상을 입는다. 한번은 감자와 고기를 튀기는 펄펄 끓는 튀김기에 얼떨결에 손가락을 집어넣은 적이 있었다. 튀김기에 무언가가 빠졌는데, 급한 마음에 집게를 찾는 대신 손가락을 집어넣었다가 크게 데었다.

칼을 쓰다가 베이는 일은 부지기수였다. 샌드위치점 주방은 자칫했다가는 큰 부상을 입을 수 있는 곳이라 여간 조심하고 긴장하지 않으면 안 되었다. 동료 한 명은 뜨거운 수프 통이 쏟아지는 바람에 다리에 화상을 입기도 했다.

베이커리 카페에서 일을 할 때는 늘상 몸이 아팠다. 물건을 들고 옮길 일이 많아서 그런지, 손가락 마디마디가 아팠다. 어떨 때는 하도 아파서 잠자리에서도 끙끙 앓는 소리가 저절로 나왔다.

손과 팔뚝에는 늘 화상 자국이 있었다. 특히 손등에 화상을 입으면 빨리 낫지 않았다. 설거짓거리가 많았기 때문이다. 그때 생긴 흉터가 지금도 남아 있다.

처음 하는 육체노동은 보통 어려운 일이 아니었다. 기자로 일하면서 기사 쓰기가 힘들 때 "머리 안 쓰는, 몸 쓰는 일을 하고 싶다"고 종종 말하곤 했었다. 육체노동을 하면서 나는 많이 아프고 부상도 자주 당했다. 예전에 육체노동을 너무 가볍게 입에 올렸던 일(육체노동이라고 머리를 안 쓰는 것도 아니다) 때문에 벌을 받는다는 생각도 들었다.

## 샌드위치 가게를 만나다

내가 일하던 동포신문에 매월 정기적으로 실리는 외부 원고가 하나 있었다. 보험 상품 판매사 대표가 쓰는 글이었다. 그이는 '비즈니스로 성공한 한인'들을 강사로 초청해 그들의 성공담을 듣는 강연회를 열고, 그 내용을 요약해 신문에 기고했다. 강연회 참석자는 주로 나 같은 초보 이민자들이었다. 자영업을 하려는 사람들에게는 성공한 이민 선배들의 이야기를 직접 듣고 그들에게 질문도 할 수 있는 보기 드문 자리였다. 좁은 한인 사회에서 혹시 구설에나 오를까 싶어 그런 이야기를 내놓고 하는 것을 꺼리는 분위기가 있었다.

강연도 기고문도 나에게는 퍽 유익했다. 나는 기고문을 찾아 모두 읽었고 강연회에도 몇 번 참석했다. 그중에서도 편의점 운영의 노하우를 들려준 한인실업인협회(편의점 업주들의 모임) 회장의 구체적이고 시시콜콜한 이야기가 기억에 남는다. 국가 대표 운동선수 출신이라는 그는 무엇을 하든 공격적으로 나가야 한다고 했다.

"쇼퍼스드러그마트(편의점 품목도 파는 대형 약국)가 내 편의점 옆에 들어선다고 해서 절대 겁먹거나 기죽지 마세요. 내가 그 약국을 활용하면 돼요. 약국에서 팔지 않는 품목을 많이 들여와서, 약국에 오는 사람들을 내 손님으로 끌어들일 생각을 하세요."

"우리가 여기서 장사 잘한다고 얻을 지위가 있어요, 명예가 있어요? 그러니까 이왕 장삿길로 들어섰으면 돈 왕창 벌어서 기부도 해가며 폼나게 살아봐야죠."

이런 말들이 인상적이었다. 나로서는 돈 많이 벌어 폼나게 사는 것은 고사하고 먹고살 만큼이라도 벌면 좋겠다고 생각했다.

내가 신문에서 찾아 읽은 기고문 중에서는 어느 샌드위치점

주인에 관한 내용이 눈길을 끌었다. 다른 강연자들은 그래도 한인 동포사회에서 이름이 알려진 사람들이었으나 샌드위치점 주인은 작은 가게를 운영하는 평범한 자영업자일 뿐이었다. 그이는 그저 그런 샌드위치점을 인수한 뒤 "불같이 일으켰다"고 소개되어 있었다. 강연 주최자는 자기 사무실 건물의 1층에 있는 가게여서 "단골손님으로서 그 가게가 성장해온 과정을 모두 지켜보았다"고 했다. 그 글을 읽으면서 이민 온 지 7년쯤 되었다는 그 가게 주인이 많이 부러웠다.

내가 가게를 찾고 있다는 사실을 아는 한 후배가 어느 날 전화를 해왔다. 한인사회 정보지에 샌드위치점이 매물로 나왔는데 '주매상' '임차금(렌트비)' 같은 조건이 썩 괜찮아 보인다고 했다. 바로 전화를 했다. 놀랍게도 내가 동포신문 기고문으로 보고 부러워했던 바로 그 가게였다. 주인은 가게로 와보라고 했다. 큰 기대를 안고 찾아갔으나 주인은 실망스러운 말을 했다.

"아쉽지만 한발 늦었네요. 가게를 인수하겠다고 오퍼를 낸 사람이 다음 주에 매상 체크하고 바로 트레이닝 받기로 했거든요."

"그렇다고 미리 말씀을 해주셨으면 헛걸음을 안 했을 텐데요……"

"이민 후배니까, 그냥 한번 와보라고 했어요. 이런 가게 구경하는 것도 공부니까. 그런데 앞으로 일이 어떻게 될지는 아무도 몰라요."

주인은 자기 가게에 대해 큰 자부심을 가지고 있었다.

"우리 가게는 한인사회 정보지에만 내놓아도 바로 팔 수 있어요. 안 그래도 전화를 많이 받았어요. 다녀간 사람도 많고. 굳이 중개 수수료를 지불해가며 부동산 중개업자를 통할 필요가 없는 거죠. 그런 가게가 좋은 가게예요."

하긴 업종 불문하고 아주 좋은 가게는 정보지에 내놓기도 전에 알음알음으로 팔린다고들 했다. 내가 은퇴를 앞둔 가게 운영자들을 찾아다닌 것도 바로 그런 이유 때문이었다.

"이렇게 좋은 가게를 왜 3년도 안 되어 내놓으신 건가요?"

"잘 안 되는 가게를 사서 매출을 크게 올렸잖아요. 그래서 좀 더 크게 하고 싶어졌어요. 마침 토론토 외곽 도시에 적당한 가게가 나왔고요. 이 가게를 팔면 바로 시작할 거예요."

그는 어차피 가게 공간의 주인이기도 하니(그 건물의 공간들은 한국의 아파트처럼 호수별로 주인이 따로 있었다. 상업 공간은 1층의 샌드위치점 하나뿐이고 나머지는 모두 일반 사무실이었다) 가게를 팔더라도 '임대인과 임차인으로서의 관계'는 계속 지속한다고 했다. 그런 관계가 있으니 가게를 일부러 과장해서 팔 일이 없다고도 말했다.

집으로 돌아오면서 나는 남들보다 정보에 늦은 나 자신을 질책했다. 왜 정보지를 꼼꼼하게 챙겨보지 않았을까. 좋은 기회를 놓쳤다는 생각이 들어 우울했다.

일주일 후 가게 주인에게서 연락이 왔다.

"우리 가게에 여전히 관심이 있다면 한번 와보세요."

오퍼를 낸 사람이 은행에서 대출을 받기로 했는데 문제가 생겼다고 했다(가게나 집을 거래할 적에 '오퍼'에 보통 이런 '조건'을 붙이기도 한다. '컨디션'이라 불린다. 가게 매매 계약서에 사인을 해도, 잔금을 치르기 전에 '은행에서 대출을 못 받았다'는 컨디션을 내세워 계약을 취소할 수 있다. 인수 희망자들이 이런 '컨디션'을 자주 활용한다는 것을 나는 나중에 알았다).

"감사합니다"라는 말이 입에서 절로 나왔다. 나에게 드디어 기회가 왔다는 기대감 때문에 날아오를 것만 같았다. 거의 2년을 찾아다닌 끝에 내 가게를 운영하고 밥벌이를 하게 되었으니, 그런 기분이 드는 것은 당연했다. 동포신문에서 읽은 내용대로라면 이 샌드위치점은 탄탄대로에 올라 있었다. 내가 열심히만 한다면 '리스크' 없이 가게를 안정적으로 운영할 수 있다는 생각이 들었다.

가게에서 다시 만난 주인은 이 가게를 단기간에 어떻게 키웠는지 좀 더 자세하게 이야기했다. 자기 자랑이었다. 이탈리아 사람이 창업한 샌드위치점을 샀는데, 자기네가 새로운 메뉴를 많이 개발해 주변의 다른 건물 사람들까지 손님으로 끌어들였다는 것이다. 보통 오피스 빌딩에는 1층이나 지하에 편의점을 겸하는 작은 식당들이 하나씩 있다. 내가 인수하려는 가게는 해당 빌딩 사람들은 물론 걸어서 10분 이상 거리에 있는 손님들까지 오게 만들었다. 주변에서 가장 잘되는 식당이라고 했다.

변호사를 통해 가게를 사겠다는 '오퍼' 서류를 넣고, 그 사이에 '매상 체크'를 하고 '트레이닝'을 받았다. 매상 말고도 가게 권리금 책정과 관련된 요소는 '임차금' '인건비' 등이다. 임차 공간에 대한 세금·관리비(물, 전기, 가스 요금 등)·보험료 등도 고려 대상이 된다. 말하자면 매상에서 재료비와 여타 비용을 제외한 나머지 돈을 주인이 가져가는 것이다("얼마를 먹는다"는 전 주인의 말이 인상적이었다).

보통 '가게를 속여서 판다'고 하면 대개 '매상을 속인다'는 의미이다. 가게를 찾아다니는 동안 매상 속이기에 관한 이야기를 숱하게 많이 들었다. 매상 체크를 하면서 파는 사람이 말한 만큼의 매상이 나온다면 가게를 인수하고 그렇지 않으면 오퍼를 거둬들인다. 내가 체크한 매상은 주인이 말한 것에 근접했다.

매상 체크 이후 잔금을 치르고 계약을 마무리하는 '클로징'까지 약 2주 동안 가게 운영 '노하우'를 본격적으로 전수받게 되는데, 그것을 '트레이닝'이라고 부른다. 나와 아내는 음식을 만들고 가게를 운영하는 방법을 속성으로 배웠다.

오퍼 서류를 낼 때 거는 계약금은 '디파짓'이라고 불린다. 오퍼를 낸 사람이 매상 체크를 끝낸 다음 가게를 인수할 의향까지 밝혔는데, 클로징 전에 가게를 이유 없이 포기하면 계약금은 당연히 돌려받을 수 없다. 매수 희망자는 바로 그런 이유로 앞서 말한 '은행 대출 여부' 같은 '컨디션' 한 줄을 계약서에 넣는 것이다.

경험이 많은 사람들이야 그저 가게 내부를 들여다보기 위해 컨디션을 붙여 오퍼를 내고 쉽게 거둬들이기도 하지만, 나 같은 초보자는 달랐다. 오퍼를 낸다는 것은 결정적인 하자가 발견되지 않는 한 가게를 인수하겠다고 마음을 굳힌 것이나 다름없다. 극단적으로 말하자면 오퍼를 내놓고 매상 체크를 하는 동안 '제발 문제가 나오지 마라'라고 마음속으로 빌기도 한다. 가게를 파는 사람이 해야 할 생각을 오히려 매입자가 하게 되는 것이다. 가게를 찾기가 그만큼 어렵기 때문이다.

가게를 파는 사람이 나쁜 마음을 먹으면 초보자들을 속여넘기기는 어렵지 않다. 속이는 것이 아니더라도, 가게를 파는 사람 처지에서는 다소 과장을 하게 마련이다. 가게 인수 과정에서 자영업 베테랑이 했던 "덜 속으면 된다"는 말이 자꾸 떠올랐다.

가게를 팔 때 매상 체크를 하면서 벌어지는 최악의 경우에 대해서도 여러 번 들어봤다. 그 기간에 친인척과 지인을 모두 불러 가게 손님으로 드나들게 할 수도 있고, 금전등록기에 몰래 돈을 넣어둔다는 이야기도 들었다. 그래서 가게를 사려는 사람이 주인 모르게 가게 옆에 가서 드나드는 손님 숫자를 직접 세어가며 며칠 지켜보는 경우도 있는 것이다.

## 아내가 주방으로 들어가다

그런 점으로 보자면 나는 비교적 운이 좋은 셈이었다. 잘되는 사례로 강연회에서 발표되고 동포신문에까지 등장한 가게이니 위험 요소는 그만큼 적다고 볼 수 있었다. 게다가 가게를 파는 사람이 가게 공간의 주인(건물주)이어서, 신경 쓰이는 절차 하나는 건너뛸 수 있었다. 일반적인 경우라면 가게를 팔고 사는 과정에서 건물주의 승인을 받아야 하지만 내 경우는 그런 절차가 필요 없었다. 건물주는 가게를 새로 인수하는 사람의 신용 조사를 하게 마련인데, 신용 등급이 낮으면 가게 매매를 허락하지 않는다.

전 주인은 자기는 가게를 살 때 은행 대출을 끼고 그 공간까지 함께 인수했다며, 나도 돈을 벌어서 그렇게 하라고 했다. 가게는 8층 건물의 1층에 있었다.

전 주인은 자기가 건물주인 만큼 가르치는 대로 잘 따라오는 사람을 인수자로 찾은 듯했다. 나처럼 장사 경험이 전혀 없는 사람을 가르치는 것이 오히려 수월하다고 판단했던 모양이다. 나로서는 고맙게 생각하는 것이 하나 있는데, 한 달 동안의 인수 과정에서 트레이닝을 정말 '빡세게' 시켜주었다는 사실이다. 공간의 주인이어서 더 그랬을 것이다.

가게에서 일하는 사람은 전 주인 부부와 여성 헬퍼 한 명이었다. 세 사람이 아침과 점심 장사를 했다. 아침 7시에 문을 열고 남자가 홀에서 아침 장사를 하는 동안, 여성 두 사람은 주방에서 그날 점심으로 나가는 네 가지 음식을 준비했다. 아침에 내가 만들어 팔게 될 것은 '브렉퍼스트 스페셜'이었다. 구운 베이글 또는 빵에 계란과 치즈, 베이컨, 햄을 넣어 커피와 함께 제공하는 것이었다. '스페셜'이라 가격이 저렴했다. 2004년 당시 2.99달러(+세금)였다.

나로서는 혼자서 하는 아침 장사가 별로 어렵지 않았다. 샌드위치점과 베이커리 카페에서 일했던 경험이 큰 도움이 되었다. 업소용 커피메이커로 커피를 내리는 것도, 베이글을 굽는 것도 퍽 단순한 일이었다. 속도가 관건이었다.

트레이닝을 받는 와중에, 전 주인이 불같이 화를 낸 적이 있었다.

"왜 이걸 아직도 못 외워요? 배가 부르구만."

음식 가격 때문이었다. 아침·점심의 모든 메뉴와 가격을 이삼 일 만에 외우는 것은 거의 불가능했다. 음료수까지 포함하면 외워야 할 가격이 수십 개가 넘었다. 가격은 고사하고 메뉴도 미처 파악하지 못한 터였다.

점심때 파는 '메인 메뉴'는 거의 이탈리아 음식이었다. 메뉴는 날마다 바뀌었다. 이탈리아 음식(애초에 그 가게를 창업한 사람이 이탈리아 사람이라서 메뉴가 그렇게 정해져 있었다)이라 맛은 물론이고 이름마저도 생소했다. 그것을 완벽하게 외우지 못한다고 그렇게 야단을 맞은 것이다. 나는 음식 가격을 종이에 적어서 틈나는 대로 들여다보며 달달 외웠다. 가격도 하나가 아니고 세금 전후의 두 가지 가격을 모두 외워야 했다. 손님이 가격을 물어볼 때 바로 답하지 못하면 '프로' 같지 않아 보인다, 그러면 신뢰가 떨어진다고 했다.

처음 사용해보는 금전등록기를 빨리 익히지 못해서 야단을 맞기도 했다. 다른 가게에서 헬퍼로 일할 때는 만져보지 못하던 것이었다. 실수를 할까 봐 금전등록기 앞에서 잠깐 어물대기라도 하면 "손님 기다리게 할 거야?"라는 큰소리가 들려왔다. 무슨 상황인지 몰라 손님들이 눈을 휘둥그레 뜨기도 했다. 전 주인은 "내가 화를 내는 것은 이 가게가 잘돼야 내 재산도 지킬 수 있기 때문"이라고 했다. 재산이란 가게 공간을 의미했다. 나로서는 수긍하는 수밖에 없었다.

손님의 얼굴과 이름도 외워야 했다. 그들이 들어올 때 이름을 불러주면 자기를 기억한다며 매우 좋아했다. 나중에는 얼굴과 이름뿐만 아니라 취향까지 다 외웠다. 손님이 들어와 주문을 하기 전에 커피와 우유 같은 것을 미리 준비해놓는 식이었다. 가령 늘 블랙커피를 마시다가 오늘은 더블더블(크림·설탕 2스푼) 커피가 먹고 싶다면 손님이 내게 미리 말을 해야 했다.

웃는 얼굴로 손님 맞는 것은 기본이었다. 손님 앞에서 내 얼굴에 손을 대는 것은 금기 사항이었다. 얼굴 만진 손으로 음식 만지는 것을 손님들이 더럽다고 생각한다고 했다. 그래서 얼굴이 아무리 가려워도 참아야 했다.

음식을 만들 때는 반드시 일회용 비닐장갑을 끼었다. 손님이 들어오면 일부러 손을 씻기도 했다. 우리 가게는 그만큼 깨끗하다는 것을 보여주기 위한 일종의 '보여주기'였다.

주방에서는 아내가 점심 음식 만드는 것을 배웠다. 전 주인 부부가 일을 분담하는 것을 보고 우리도 당연히 그렇게 해야 하는 줄 알았다. 나는 그래도 캐나다에 와서 헬퍼로 1년 가까이 일을 했지만 아내는 한국은 물론 캐나다에 와서도 이런 일을 한 경험이 전혀 없었다. 아내의 고생이 이만저만이 아니었다. 한 달 동안 배워서 전 주인과 비슷한 음식을 만들어내야 했기 때문에, 스트레스는 나보다 몇 배는 더 컸을 것이다. 그나마 전 주인과 오래 일을 한 헬퍼가 있어서 다행이었다.

오전 7시부터 거의 '초치기'를 해가며 아내와 헬퍼가 음식을 만들고 11시 40분에 진열대에 '오늘의 메뉴'를 내놓으면 손님들이 와서 음식을 골랐다. 아내와 헬퍼가 진열대 앞에서 주문을 받아 접시나 일회용 용기에 음식을 퍼주고 나는 금전등록기 앞에서 돈을 받았다. 식당 안에서 앉아 먹는 손님도 더러 있었지만 손님 대부분은 밖으로 들고 나갔다. 사무실 자기 자리에서 먹거나, 회사의 별도 공간에서 먹거나, 바깥 공원 같은 곳에서 먹는 식이었다.

전 주인은 "가게가 한창 잘될 때는 손님들이 10미터 이상 줄을 섰다"고 했다. 손님이 줄어들기는 했지만 이만한 가게도 많지 않다고 여러 번 이야기했다. 내가 생각해도 그 정도 손님만 유지한다면 우리 가족 생활비는 충분히 벌 수 있을 것 같았다. 가게를 팔고 사는 모든 과정은 순조롭게 진행되었다.

### "늦지도 빠르지도 않네요."

2004년 2월 중에 오퍼를 넣고, 3월 한 달 동안 가게 인수 작업을 진행했다. 가게 안에서는 매상 체크를 하고 트레이닝을 받는 동시에, 가게 바깥에서는 행정적인 일을 처리했다. 비즈니스 허가증을 만들고 은행 비즈니스 전용 계좌를 열어야 했다. 행정 처리가 느리기로 소문난 캐나다지만 비즈니스 허가증은 신청을 하자마자 바로 나왔다. 먹고사는 문제와 관련된 것이라 그런가 싶었다. 전 주인을 따라 슈퍼마켓과 도매점을 돌아다니며 음식 재료와 음료수 등을 구입하는 방법도 자세하게 배웠다.

비즈니스 계좌를 만들려고 은행에 갔더니 한국인 담당자가 물었다(이런 일을 할 적에는 주로 한국인들을 만났다. 대형 은행들은 한국인 직원을 두고 한국 사람들을 담당하게 했다).

"이민 와서 얼마 만에 가게를 시작하시는 거예요?"

"2년"이라고 하자 그이는 "늦지도 빠르지도 않네요"라고 말했다.

지금 생각해보면 그 말은 '빠르네요'라는 뜻이었던 것 같다. 가게를 시작하기에 2년이라는 준비 기간이 길다고는 할 수 없었다. 캐나다 물정에는 여전히 어두웠고, 의욕만 앞세운 감이 없지 않았다. 지금 생각하면 그렇다는 얘기다.

2004년 4월 1일. 캐나다에 와서 처음으로 우리 가게 문을 열었다. 나와 아내는 초긴장 상태였다. 살면서 그렇게 긴장한 것은 그 이전에도 이후에도 없었다. 우리는 하늘색 상의에 가게 이름이 적힌 빨간색 야구 모자를 썼다. 유니폼이었다. 아내와 헬퍼는 모자 아래에 망사 두건도 써야 했다. 음식에 머리카락 들어가는 것을 방지하기 위해서였다. 새로운 유니폼을 입고 잔뜩 긴장해서 일을 하다 보면, 마치 무슨 전투를 하는 듯한 느낌이 들었다. 익숙한 서울도 아니고 낯선 토론토에서, 우리로서는 난생처음 하는 자영업이었다. 마음의 여유가 있다면 오히려 이상한 일이었다.

    가게는 월요일에서 금요일까지 주 5일 동안 영업(시간은 오전 7시~오후 5시)을 했다. 출근을 하면 '오늘의 메뉴'가 적힌 화이트보드 2개를 빌딩과 지하 주차장 입구에 갖다 놓는 것으로 하루를 시작했다. 나는 홀(식탁이 8개쯤 있었다)에서 커피를 내리고 혼자 아침 장사를 했다. 그 시간에 아내와 헬퍼는 주방에서 점심 메뉴를 준비했다. 11시 40분에 그날 판매할 음식을 홀에 있는 음식 진열대로 내오면 점심 장사 준비가 끝났다.

    점심때는 네 가지 메인 메뉴 외에, 수프와 프렌치프라이를 따로 내놓았다. 샌드위치점이라고 했는데, 샌드위치를 주문하는 손님은 거의 없었다. 메인 메뉴는 '파마자냐' '라쟈냐' 같은 이탈리아 음식이 대부분이었고 전 주인이 개발한 한국 음식도 더러 있었다. 한국식 카레밥, 잡채와 불고기, 짜장밥 같은 것들이었다. 한류(한국 대중문화)가 캐나다에 퍼지기 전이었다. 손님들이 한국 음식을 좋아하는 것이 신기해 보였다.

    우리가 개발해 크게 인기를 끈 음식도 있었다. 양념 소스를 뿌려 익힌 닭가슴살과 채소를 넣고 두텁게 말아서 만든 토르티야 랩이었다. 닭가슴살 대신 불고기를 사용하기도 했다. 우리 음식 비빔밥과 비슷한 것이었다. 손님들은 건강식이라며 좋아했다.

    우리는 신참처럼 보이지 않으려고 애를 많이 썼다. 전 주인이 가르친 것을 하나라도 빠뜨리면 무슨 큰일이라도 나는 줄 알았다. 손님들이 별생각 없이 툭 던진 말 한마디 때문에 마음고생을 하기도 했다. "맛이 조금 변한 거 같다" "양이 좀 적다" 같은 말이었다. 맛은 모르겠지만 양은 틀림없이 더 많이 주는데도 그런 말을 하는 사람이 더러 있었다. 아직 장사꾼으로서 마음이 단련되지 않아서 그런 말을 그냥 흘려듣지는 못했다.

하루는 짜장밥을 먹은 어느 백인 손님이 맛이 다르다며 불만을 표시했다. 그 이유를 금방 알게 되었다. '미원' 때문이었다. 우리 가게에서는 조미료를 공식적으로 안 쓰는 것으로 되어 있었다. 그런데 이상하게도 주방 선반 위에 조미료 통이 하나 있었다. 짜장 소스에는 그것을 사용했지 싶었다. 미원을 넣어주었더니 손님은 만족스러워했다.

다행히도 주인이 바뀌었다고 손님이 줄어들지는 않았다. 손님이 줄을 설 때도 있었고, 한가할 때도 있었다. "장사하다 보면 잘되는 날도 있고 안 되는 날도 있으니 일희일비하지 마. 맨날 잘되면 금방 빌딩 세우게?" 자영업 선배들한테서 이런 말을 여러 번 들었으나 손님이 적으면 걱정이 많았다. 새벽 2~3시에 깨면 걱정 때문에 더 이상 잠을 이룰 수 없는 날도 있었다.

손님들은 대체로 좋은 사람들이었다. 가게 주인이 바뀌었다고 불만을 표시하는 사람은 거의 없었다. 오히려 격려하는 사람이 많았고 "잘 부탁한다"고 이야기하는 사람도 있었다.

## "네들은 왜 머슴밥을 먹나?"……
## 골탕 먹인 기술자

오후 2시쯤 점심 장사가 마무리되면 우리는 가게 음식으로 점심식사를 했다. 아침(간단한 그릴치즈 샌드위치를 만들어 먹었다)을 10시에 먹어서 그런지 늘 입맛이 없었다. 오후 시간에 나는 아내가 적어준 쪽지를 들고 식재료를 사러 슈퍼마켓을 돌아다녔다. 헬퍼는 2시에 퇴근했고, 아내는 가게에 혼자 남아 음식을 정리하며 드문드문 오는 늦은 손님을 맞았다. 내가 시장에서 돌아오면 함께 마무리하고 5시에 문을 닫았다.

아침과 점심을 적게 먹은 대신 우리는 집에 가서 저녁을 많이 먹었다. 당시 한국에서 아이들을 돌봐주러 온 어머니는 우리가 밥 먹는 것을 보고 깜짝 놀라셨다. "네들은 왜 머슴밥을 먹나?" "하루 종일 굶었나?" 하면서 속상해하셨다. 한국 음식이라 많이 먹었고, 어머니가 차려주시는 밥상이라 더 많이 먹었다. 그 '밥심'으로 가게 초기의 고단함을 이겨낼 수 있었던 것 같다.

우리 가게 같은 샌드위치점의 큰 수익 가운데 하나는 배달(케이터링)이었다. 내가 헬퍼로 이미 경험했던 일이라 배달은 그렇게 어렵지 않았다. 그러나 배달 주문은 한 달에 서너 번이 고작이었다. 우리 가게가 있던 토론토 북쪽 지역은 도심하고 분위기가 많이 달랐다.

　주말에 이틀을 쉬는 것이 우리 같은 가게의 가장 큰 장점이었다. 그러나 주말에 문을 닫는다고 해서 그냥 쉬는 것이 아니었다. 샌드위치점 헬퍼로 일할 때 여자 사장이 나에게 했던 말이 기억났다. "주말에 문 닫는다고 쉬는 게 아니에요. 그냥 꼬꾸라지는 거예요."

　일요일에는 다음 주 장사를 준비해야 했다. 아내는 집에서 하거나 가게에 나가 닭가슴살을 미리 조리해두었다. 그렇게 해야 장사를 수월하게 할 수 있었다. 나는 전단지를 보고 음료수를 싸게 파는 대형 슈퍼마켓을 찾아다녔다.

　힘들었던 일 가운데 하나는 기계 고장이었다. 나를 포함해 주인을 세 사람이나 거친 십수 년 된 가게이다 보니 기계들은 돌아가면서 고장이 났다. 냉장고가 4대 있었고 냉동고가 1대 있었다. 냉동고가 부족해서 우리가 사는 임차 아파트에도 1대 더 사두어야 했다. 식기 세척기·베이글 토스터·전기 프라이팬·커피 기계·에스프레소 기계·고기와 치즈 자르는 기계 등 자잘한 것들도 많았다. 가게를 인수하는 과정에서는 멀쩡하던 기계들이 내가 가게를 시작하자마자 문제를 일으켰다. 기술자를 부르면 인건비가 너무 비쌌다. 내가 고치기도 하고, 안 되면 기술자를 부르거나 기계를 새로 구입했다. "가게 초기에는 원래 돈이 많이 들어가는 거야"라고 어떤 선배가 말했다. 그 말이 위안이 되었다.

기술자를 불렀다가 낭패를 본 일이 있었다. 7월 어느 날 오후, 가게가 있는 지역 전체가 갑자기 정전이 되었다. 변압기 하나가 터졌다고 했다. 전기는 몇 시간 만에 복구되었으나 주방 음식 냄새를 바깥으로 빼내는 대형 '후드팬'이 작동하지 않았다. 이 기계가 고장 나면 1층 식당의 음식 냄새가 건물 전체로 퍼질지도 모를 일이었다. 심각한 문제였다.

전 주인이 남긴 인명부를 보고 한국인 기술자를 급히 불렀다. 그는 오후 5시쯤에 와서는 나에게 천장을 들여다보라고 했다. 자기는 나이가 많고 허리가 아파서 사다리 타는 것이 어렵다고 했다. 그 사이에 그는 배가 고프다며 아내에게 요청해 밥을 먹었다.

그는 사다리를 타고 올라간 나에게 이것저것 물어보았다. 그리고는 말했다. "오래된 기계라서 수리가 불가능해요. 기계 회사가 아니고는 못 고쳐요. 전화해서 알아보세요." 그리고 요구했다. "그래도 이렇게 왔으니 출장비로 200달러는 받아야겠어요." 나로서는 기술자를 부르는 것이 처음이라 얼떨결에 그 말에 따랐다. 그래야 하는 줄 알았다.

다음 날 아침, 기계에 적힌 회사 전화번호를 보고 연락했더니 '없는 번호'라고 했다. 암담했다. 문득 예전에 일했던 베이커리 카페 생각이 났다. 그곳에서도 기술자들이 수시로 드나들며 고장 난 기계들을 고쳤다. 그곳에서 소개한 기술자에게 연락했더니 그는 "급한 일이네요" 하면서 자기 일정을 미뤄가며 금방 와주었다. 후드팬 고장이 식당에서 얼마나 심각한 문제인가 하는 것을 잘 아는 사람이었다.

그는 기계를 보자마자 "전기가 나가는 바람에 스위치가 자동으로 떨어졌네요"라면서 스위치를 올렸다. "딸깍" 하는 스위치 소리가 나자마자 "우웅―" 소리를 내며 후드팬이 돌아갔다. 정말 반가운 소리였다.

그는 출장비로 100달러만 달라고 했다. 어쨌거나 고쳤는데, 너무 적은 액수였다. 나는 그에게 평소 말썽부리던 냉장고 하나를 봐달라고 부탁했다. 돈이 되는 일감이 생겨서 서로에게 다행이었다. 부품과 공임 비용을 합쳐서 700달러를 지불했다.

한 가지 문제를 가지고 이렇게나 다른 두 기술자를 만났다. 한국에서도 그렇지만 캐나다 이민 사회에서는 무슨 문제가 발생하면 자고로 전문가를 잘 만나야 한다. 그때 얻은 교훈이다. 하수관이 막혀서 사람을 부른 적도 있다. 어느 선배가 소개해서 온 기술자는 일을 잘해냈다.

간단한 것도 모르고 돈만 받아 간 사람의 이름은 아직도 기억이 난다. 그이의 말 때문에 잠을 못 이룰 만큼 마음고생을 한 탓이다. 나중에 자영업에 오래 종사한 어떤 선배한테 말했더니 "원래 그런 걸로 유명한 사람이야"라고 했다. 그런 사람 이름이 왜 가게 인명부에 적혀 있었는지 지금도 모르겠다.

## 캐나다 직장인의 특이한 식사 문화

10개월 동안 식당을 운영하면서 새롭게 접한 캐나다 문화가 많았다. 캐나다에 살러 온 지 2년밖에 되지 않은데다, 식당 운영이라고는 처음 해보는 것이니 낯선 일이 많은 게 당연했다.

그 가운데 하나는 캐나다 직장인들의 아침 문화. 꼭두새벽에 출근하는 사람들이 많았다. 샌드위치점 헬퍼나 동포신문 기자로 일할 때 나도 그랬다. 우리 식당이 아침 7시에 문을 연 까닭은 이른 아침에 출근해 아침 거리를 사는 사람들을 위해서였다. 오전 7시에 출근해 오후 3시에 퇴근하는 것도 새로워 보였다(그즈음 한국에서도 삼성그룹이 7시 출근을 일률적으로 시행해서 주목받은 적이 있었다. 캐나다 출퇴근 문화는 그것과도 달라서 직장인이 자기 출퇴근 시간을 스스로 정하는 것 같았다).

오피스 빌딩 안에 있는 우리 식당은 아침에 바쁜 편이었다. 베이글과 커피를 묶어 파는 '브렉퍼스트 스페셜'이 당시 2.99달러(세금 포함 3.13달러)였는데, 아침 매출만 200달러에 달했다.

우리 손님들은 점심도 늘 간편하게 먹었다. 요리한 음식을 팔았지만 우리 가게는 레스토랑이 아니라 샌드위치점 혹은 패스트푸드점이라고 불렸다. 미리 만들어놓은 음식들 중에서 손님이 선택하는 방식이라 그런 것 같았다. 손님이 음식을 고르면 아내와 헬퍼가 그것을 퍼서 접시나 용기에 담아주었다. 홀에서 먹을 수도 있지만, 손님 대부분은 일회용 용기를 들고 나갔다. '서빙'하는 것은 아니니 팁은 없었다.

손님들이 혼자 오는 것도 참 특이해 보였다. 90퍼센트가 혼자 와서 1인분을 주문했다. 요즘이야 한국에도 '혼밥'이 많아졌지만 내가 직장에 다니던 2000년대 초반까지만 해도 한국 직장인이 점심을 혼자 먹는 것은 매우 드문 일이었다.

두세 명이 어울려 오는 손님들도 있기는 했다. 그러나 그들은 신기하게도 매일 똑같은 사람들끼리만 붙어 다녔다. 어쩌다 한 사람이 못 오기라도 하면 다른 사람이 그 이유를 우리에게 알려주었다. 음식값 계산은 '칼같이' 따로 했다. '어제는 네가 샀으니, 오늘은 내가 산다' '선배니까 내가 산다'는 경우는 보지 못했다. 한국과는 많이 다른 문화였다.

안쓰러워(혹은 찌질해) 보이는 손님도 있었다. 그는 늘 음식을 많이 담아달라고 했다. 식당 홀에 앉아서 반쯤 먹으면 가족으로 보이는 다른 사람이 와서 나머지를 먹었다. 돈 없는 신참 이민자들이라 그런 방식으로 점심을 해결하는 것 같았다.

## 불시에 들이닥친 시청 조사관

식당을 운영하면서 토론토 시청에서 나온 조사를 두 번 받았다. 어느 날 오전 11시쯤 한 여성이 가게에 들어와 토론토 시청에서 나왔다고 자기소개를 했다. 신분증을 보이자마자 물어보지도 않고 주방으로 그냥 직진했다. 소화기에 문제가 없는지, 싱크대는 깨끗한지를 점검했고, 바닥 상태도 살폈다. 그이는 구석구석을 샅샅이 들여다보았다. 아내와 헬퍼가 머리에 망사 두건을 쓴 것을 보고는 "잘하고 있다"고 말하기도 했다. 손톱 검사도 한 것 같다. 조사관은 한 가지 사항을 지적했다. 주방 바닥에 깔린 발판이 미끄러워 일하는 사람이 다칠 수 있으니 고무 재질로 바꾸라고 했다.

식품점을 하는 선배를 만나 푸념했다. "다쳐도 손님이 아니라 우리가 다치는 건데, 왜 그런 것까지 지적하는지 모르겠네요." 선배는 정색하며 말했다. "안전을 위해서 그런 거야. 바꾸라고 했으면 빨리 바꿔. 지적했는데 안 바꾸면 진짜 골치 아픈 문제 생겨." 두어 달이 지나서 바로 그 시청 직원이 예고 없이 또 가게에 불쑥 찾아왔다. 그가 가장 먼저 점검한 것은 지난번에 지적한 발판이었다.

불시에 와서 점검하고, 지적 사항을 바로잡지 않으면 가게 영업을 하는 데 불이익을 주었다. 토론토의 모든 식당 입구에는 초록색 'PASS' 사인이 눈에 잘 띄게 붙어 있다. 거기에는 'Pass'(통과) 'Conditional Pass'(조건부 통과) 'Closed'(영업 정지) 세 단계가 표시되어 있다. 두번째 등급만 받아도 식당으로서는 치명적이다. 손님들에게 '깨끗하지 않다'는 인상을 주기 때문이다. 매상이 떨어지는 것은 당연하다.

## 뒤늦게 들은 질문
## "핫푸드 비중이 얼마나 돼요?"

내가 가게를 새로 시작한 것에 대해 주변에서 관심들이 많았다. "장사는 잘되느냐?"고 물으며 격려하는 사람들이 대부분이었으나, 이상한 소리를 해서 기분 나쁘게 하는 이들도 더러 있었다. 지금이야 가볍게 웃어넘길 테지만 생전 처음 가게를 하는 사람이 그런 소리를 들으면 적잖게 거슬리는 법이다. 이를테면 이런 말이다.

내가 일했던 동포신문 근처의 편의점 주인과 어느 도매점에서 마주친 적이 있다. 인사를 했더니 그가 물었다.

"요즘 뭐 하고 살아요? 비즈니스 찾는다더니 찾았어요?"

"샌드위치점을 시작했습니다."

"주매상이 얼마나 돼요?"

이런 질문을 하는 것 자체가 결례라는 사실은 나중에 알았다. "당신 월급 얼마나 돼?"라고 묻는 것과 다름없기 때문이다. 나는 그에게 도움말이라도 들을 수 있을까 싶어서 알려주었다. 그런데 도움말은커녕 기분 나쁜 소리가 들려왔다.

"그 정도면 한 달에 3천(달러) 가져가기도 어렵겠는데? 그거 벌어서 먹고살 수나 있겠어?"

무슨 근거로 그런 계산을 하며, 설사 맞다 해도 그런 말을 왜 하는지 지금도 이해할 수가 없다. "남의 가게 주매상은 왜 물어보는데?" "편의점 주인이 식당에 대해 뭘 안다고 그래?"라고 반문하지 못한 나 스스로에게 화가 나고 속이 상했다.

내가 샌드위치점을 시작했다는 말을 듣고 성당에서 만난 어떤 지인이 조심스럽게 물었다. 여러 업종의 비즈니스 경험이 있는 분이었다.

"매출에서 핫푸드 비중이 얼마나 됩니까?"

이 질문을 듣고 무엇으로 머리를 얻어맞은 듯한 느낌이 들었다. 핫푸드 비중이라니? 가게를 인수할 때는 물론 매물로 나온 샌드위치점을 보러 다닐 때도 생각해보지 않은 것이었다. 우리 가게도 샌드위치점이라고 하니 그저 그렇게 알고 있었을 뿐이다. '핫푸드'라는 용어 자체를 나로서는 처음 들었다.

하긴 우리 가게에서 만들어 파는 음식은, 내가 토론토에 와서 처음 헬퍼로 일했던 샌드위치점의 메뉴와 완전히 달랐다.

내가 일을 했던 가게에서는 손님들에게 주문을 받고 그 자리에서 샌드위치를 바로 싸주었다. 그렇게 만들어 파는 샌드위치가 매출의 대부분을 차지했다. 내가 인수한 가게는 미리 만들어놓은 요리 음식을 팔았다. 샌드위치가 있기는 했으나 그저 구색 맞추기일 뿐이었다. 샌드위치는 하루에 서너 개 팔릴까 말까였다. 그러니 정확하게 말하자면 우리 가게는 샌드위치점이라고 할 수 없었다.

핫푸드라고 하면 말 그대로 '뜨거운 음식'이다. 나는 얼떨결에 "95퍼센트쯤 됩니다"라고 답했으나 사실은 거의 100퍼센트라고 해도 틀린 말이 아니었다. 질문의 의도를 몰라서 나는 당혹스러웠다. "아, 그렇군요" 하면서 그분도 더 이상 말을 하지 않았다.

이후 나는 우리 가게 같은 식당에서 '핫푸드'라는 것이 무엇을 의미하는가를 찾아보았다. 핫푸드는 말 그대로 뜨거운 음식이다. 만들기가 어렵고 힘든 음식이었다. 내가 예전에 일했던 가게에서 만들어 파는 샌드위치는 '콜드푸드'라고 불렸다. 콜드푸드는 핫푸드에 비해 만들기가 훨씬 쉬웠다. 불을 다루지 않아서 그랬다. 주방에서 사용하는 불과 열이 일하는 사람을 힘들게 만드는 결정적 요인이라는 사실을 "핫푸드 비중이 얼마나 돼요?"라는 질문을 받고 나서야 비로소 알게 되었다. 하긴 내가 헬퍼로 일을 할 적에도 차이가 있었다. 샌드위치점의 일이,

오븐으로 빵을 구워내는 베이커리 카페 일보다 훨씬 쉬웠다.

우리가 가게를 운영하는 중에 어머니와 교대하여 아이들을 돌보러 토론토에 오신 장모님 말씀도 떠올랐다. 가게 주방에 들어와 가스레인지의 화구 숫자를 본 장모님은 "무섭다"고 하셨다. 화구는 8개였다. 예전에 내가 헬퍼로 일했던 샌드위치점에는 가스레인지 자체가 없었다. 수프를 끓여도 작은 부르스타 하나로 해결했다.

나는 한인사회 정보지에 올라온 '샌드위치점 판매' 광고를 보고 가게를 인수했으나, 말이 샌드위치점이지 실상은 음식을 뜨겁게 요리해 만들어 파는 패스트푸드 식당이었다. 그렇다고 광고가 틀렸다고 할 수는 없었다. 패스트푸드점도 넓은 의미에서 샌드위치점 범주에 들어가기 때문이다. 또한 매출이 극히 미미할 뿐 가게에서 샌드위치를 팔지 않는 것도 아니었다.

보통 샌드위치를 뜻하는 '콜드푸드'와 요리 음식인 '핫푸드'의 차이는 대단히 컸다. 매출이 비슷한 가게라 해도 핫푸드냐 콜드푸드냐에 따라 가게 권리금이 달라졌다. 노동 강도 때문이었다. 핫푸드 비중이 크면 가게 권리금은 당연히 낮았다. 나는 그런 기본적인 사실조차 모르고 가게를 인수했다. 그렇게 중요한 사실도 몰랐다는 것 때문에 나는 한동안 괴로워했다. 주방에서 벌겋게 달아오른 얼굴로 일을 하는 아내에게 너무 미안했다.

우리가 가게를 인수하고 나서, 뉴욕 사는 누나네가 토론토에 들른 적이 있었다. 누나는 우리 얼굴을 보고 말했다. "너희들 정말 힘든가 보다. 얼굴에 기름기가 번들번들한 걸 보니."

나는 번들번들한 그 기름기를 전 주인 부부의 얼굴에서도 보았다. 그러나 그때는 얼굴의 기름기가 무엇을 의미하는지 몰랐었다.

## 임차료 계산 실수

며칠 동안 마음고생한 일은 또 있었다. 렌트비(임차료)에 대해 새로 듣게 된 이야기 때문이었다. 애초에 샌드위치점이 한인 동포사회 정보지에 매물로 올라왔을 때 렌트비도 당연히 적혀 있었다. 가게의 가치, 다시 말해 권리금을 산정하는 기준은 바로 '순수익'이다. 순수익은 총매출에서 재료비와 렌트비, 인건비 및 기타 비용을 제외한 것이니만큼 렌트비는 가게 인수 여부를 결정하는 중요한 조건 가운데 하나이다.

동포사회 정보지를 보고 내게 샌드위치점 매물 정보를 알려준 후배는 "렌트비가 정말 싸네요"라고 했었다. 나도 그렇게 믿었다. 그러나 남이 알려준 정보가 아무리 확실해 보여도 내 나름대로 한번은 따져봤어야 했다. 내가 식당을 인수하는 과정에서 변호사를 비롯한 어느 누구도 렌트비에 대해 언급하지 않았다. 명확한 숫자로 나와 있으니 내가 당연히 알고 인정하는 부분이라고 여겼을 것이다.

내가 크게 착각한 것이 하나 있었다. 권리금을 주고 가게를 인수하는 사람이 절대 해서는 안 되는 실수였다.

렌트비라는 말뜻 자체는 가게 운영자가 매달 건물주에게 지불하는 임차료이다. 그런데 토론토에서 가게를 거래할 때 일반적으로 말하는 렌트비는 '임차료+TMI'이다. TMI는 가게 공간에 부과하는 재산세(Tax), 전기·가스·물 사용료 같은 관리비(Maintenance), 가게가 의무적으로 가입해야 하는 보험료(Insurance)를 뜻한다.

가게를 파는 사람은 동포사회 정보지에 렌트비를 적으면서 TMI를 빠뜨렸다. 그러니 '렌트비가 정말 싸다'는 말이 나올 수밖에 없었다. TMI는 순수 렌트비와 그 금액이 비슷했으니, 나는 일반적으로 말하는 렌트비의 절반을 렌트비라 여기고 계약했던 것이다.

가게를 판 전 주인이 일부러 그랬을 리는 없겠고, 글자 그대로 보자면 그의 말이 틀린 것도 아니었다. 토론토에서 가게를 매매할 때 보통 렌트비라고 하면 TMI까지 포함한다는 사실을 내가 몰랐던 것이 문제였다. 나는 내가 애초에 생각했던 금액의 2배를 렌트비로 내야 한다는 사실을 가게를 인수하고 난 다음에야 알았다. 그렇게 보자면 렌트비가 싼 것이 아니었다.

계약서에 사인을 했으니 되돌릴 수는 없었다. 누구를 탓할 일도 아니었다. 이런 것을 잘 살펴보지 못한 내 책임이었다. 자괴감이 컸다.

나처럼 가게를 찾아다니는 사람들("요즘 무슨 일 하세요?"라고 물으면 "비즈니스 찾는 중이에요"라고 말하는 사람들이 많았다)은 부동산 중개인의 매물 리스트에 오른 가게를 두고 "때가 탔다"고들 했다. "좋은 가게는 그냥 알음알음으로 팔린다" "좋은 가게는 부동산 중개인한테 가기 전에 동포신문이나 정보지 광고만으로도 팔린다"는 소리를 너무 믿은 것이 문제였다. 여러모로 이미 검증된 가게라고 생각하고, 렌트비 같은 중요한 문제를 제대로 들여다보지 않고 설렁설렁 넘어갔던 것이다. 시행착오라고 하기에는 뼈아픈 일이었다. 당시로서는 아내에게 너무 미안해서 '내가 이런 실수를 했다'라고 말도 하지 못했다.

나중에 두번째 가게를 할 때 다른 변호사를 선임했다. 그는 나에게 "TMI가 뭐예요? 한번 말해봐요"라고 했다. 답을 했더니, 그는 렌트비 개념으로 내가 한 달에 얼마나 지불해야 하는가를 정확하게 짚어주었다. 이런 변호사가 좋은 변호사다.

## 새로 시작된 고민
## "오래 할 수 있을까?"

가게 손님들은 참 좋은 사람들이었다. 그들에게서 스트레스 받는 일은 거의 없다시피 했다. 초기 이민자라고, 영어가 능숙하지 않다고, 식당 일을 한다고 사람을 낮춰본다든가 하는 경우는 없었다. 모두가 매너 좋고 친절했다. 일이 서툴러서 조금 늦어도 가만히 기다려주었다. 내가 실수를 하여 '다음에 안 오면 어쩌나' 걱정하는 일도 있었다. 바로 그 손님이 가게에 들어오면 근심 걱정이 녹아내리는 것 같았다. 어쩌다 눈살 찌푸리게 하는 손님이 있기는 해도 그 정도가 심하지는 않았다. 그러려니 하고 넘어갈 만했다.

손님들과 그렇게 친해지며 정신없이 일을 하는 와중에 몇 개월이 훌쩍 지나갔다. 마음의 여유를 조금 갖게 될 무렵 문득 이상한 생각이 들었다. 일을 아무리 빨리하려 해도 일에 속도가 붙지 않았다. 일은 손에 익을수록 속도가 빨라져야 했다. 그러나 우리 식당 일은 그럴 기미가 전혀 보이지 않았다. 요령이 생겼다고 해도 일 자체가 빨리할 수 있는 것이 아니었다. 몸이 일에 적응하면 힘이 덜 들고 덜 피곤해야 했으나, 7~8개월이 지나도 달라진 것이 별로 없었다.

예를 들어 이런 것이다. 매일 해야 하는 일 가운데 드레싱 채

우기가 있었다. 손님들이 음식이나 샐러드에 뿌려 먹는 드레싱은 다섯 종류가 있었다. 드레싱 용기는 가게 문을 닫기 전에 매일 채워 넣어야 했다. 액체도 고체도 아닌 끈끈한 드레싱들을 큰 숟가락으로 떠서 작은 용기에 일일이 옮겨 담아야 했다. 사소한 일이지만 시간이 많이 걸렸다. 그러나 하루도 거르면 안 되는 일이었다. 화이트보드에 '오늘의 메뉴'를 매일 적는 것도 참 성가신 일이었다. 아침저녁으로 화이트보드를 옮기는 것도 마찬가지였다. 사소하지만 거르면 안 되고, 속도도 붙지 않는 일들이 너무 많았다.

일도 일이지만 가게에 우리 두 사람이 완전히 묶여 있는 것도 점차 문제로 드러났다. 내가 가게를 찾아다닐 때만 해도 생활비만 벌 수 있다면 못할 일이 없을 것 같았다. 그러나 막상 일을 하면서 보니 그게 아니었다. 헬퍼를 포함해 가게에서 일하는 세 사람 가운데 하나라도 빠지면 가게가 돌아가지 않았다.

큰아이 학교 선생님이 우리에게 면담을 요청해온 적이 있었다. 이전 면담 자리에는 늘 우리 두 사람이 갔으나 그렇게 하려면 가게 문을 닫아야 했다. 전 주인한테 하루 나와달라고 부탁하고 아내가 처음으로 혼자 학교에 다녀왔다. 전 주인이 아직 자기네 가게를 시작하지 않아서 그나마 가능했다. 내년에는 학교에 못 갈 수도 있었다.

식당 주방에서 음식 만드는 일을 처음 해보는 아내는 간신히 버티어냈다. 처음에는 바짝 긴장을 해서 겨우 넘어갔지만 시간이 지날수록 체력 문제가 드러났다. 체하는 바람에 점심 메뉴를 만들어두고 지하 주차장 자동차 안에서 몇 시간을 누워 있기도 했다.

손님이 유난히 없던 어느 날 오전이었다. 가게 앞쪽 벽은 전체가 유리창이었다. 그 유리창을 통해 빨갛고 노랗게 물들어가는 가을 풍경이 눈에 들어왔다. 하도 바쁘게 살아서 계절이 바뀌는 것도 느끼지 못했다. 우두커니 숲을 한참 바라보았다.

그러는 와중에, 이 일을 얼마나 오래 할 수 있을까 하는 생각이 문득 들었다. 몇 년이 지나도 일이 수월해질 것 같지 않았다. 가게를 하면서 우리 가족이 생활이야 할 수 있겠지만 늘 피곤한 채로, 여유도 없이 똑같은 삶을 계속 살게 될 것 같았다. 내가 남의 가게에서 헬퍼로 일을 할 때도 들지 않았던 생각이 스멀스멀 생겨나기 시작했다. '이렇게 살려고 캐나다에 온 것은 아닌데……' 하는 생각 말이다.

게다가 아내가 자꾸 아팠다. 한번 체하면 한나절은 누워 있어야 겨우 회복되었다. 작은 문제가 아니었다. 음식점 주방 일은 웬만한 체력 가지고는 견뎌낼 수 있는 것이 아니었다. 주부가 집에서 매일 100~150명의 손님을 치르는 것보다 더 힘든 일이라고 보면 된다. 규모가 커서 여러 사람이 함께 일하는 주방이라면 사정이 다를 것이다. 여성이, 헬퍼 한 명의 도움을 받아가며 재료를 준비하고 요리를 해낸다는 것은 중노동이었다. 나중에 들은 이야기지만, 샌드위치점에서 십수 년 일을 한 여성들이 은퇴 후 후유증으로 고생한다는 말에 나는 전적으로 동감했다. 주방 일은 무엇보다 체력이 뒷받침되어야 했다. 우리 식당에서 내가 경험하기에는 그랬다. 가게를 계속하려면 아내가 건강해야 하는데, 아내가 얼마나 버틸 수 있을지 모를 일이었다.

그렇다고 음식 솜씨 없는 내가 주방에 들어갈 수도 없고, 사람을 더 고용할 수 있는 규모도 아니었다. '식당을 좀 더 크게 하고 싶어서 가게를 판다'는 전 주인의 말이 생각났다. 규모가 커야 사람을 더 쓰고, 힘이 덜 들고, 지속 가능하다는 사실을 나는 경험을 해보고 나서야 알았다.

돌아보니 내가 헬퍼로서 일을 했던 베이커리 카페가 바로 그랬다. 빵을 굽고 수프를 만들고, 샌드위치를 만들어 팔고 하는 일들은 모두 직원들 몫이었다. 헬퍼만 20명이 넘었다. 베이커리 카페 주인 내외는 만드는 것은 모두 직원들에게 맡기고 경영만 했다.

'이런 상태로는 오래 하기가 어려운 것 아닌가' '그렇다고 이 정도로 잘되는 가게를 다시 찾을 수 있을까' 하는 생각들이 오락가락했다. 생각이 점점 많아졌다.

### "저한테 가게 파세요."

10월 초 어느 날 아침 내 또래의 어떤 한국 남자가 불쑥 가게에 들어왔다. 처음 보는 얼굴이었다. 그는 구석 자리에 앉아 말없이 커피를 마신 다음 내게로 다가와 조심스럽게 말했다.
"혹시 이 가게에 관심 좀 가져도 돼요?"
"무슨 말씀이신지?"
"혹시 가게를 팔 생각이 있으신가 하고요."
처음 보는 사람이 느닷없이 가게를 팔라니? 뜬금없는 소리였다.
"아니, 갑자기 무슨 그런 말씀을……"
"예전부터 이 가게에 관심이 많았거든요. 지난번 가게가 나왔을 때 인수하려고 했었는데, 제가 하는 일이 정리가 안 되어서 놓쳤어요. 늦었지만 혹시나 하고 와봤어요."
가게 근처에 살고 있다는 그는 그동안 우리 가게에 여러 번 들렀다고 했다. 한국에서 식당을 운영한 경험이 있어서 식당을 다시 하고 싶다고도 했고, 이 정도 규모가 자기한테 어울린다는 말도 했다.
그의 말을 처음 들을 때만 해도 나는 '저 사람이 무슨 소리를 하는 건가?' 하고 속으로 생각했었다. 나로서는 쉽지 않게 찾은 가게이고, 가게를 인수한 지 6개월밖에 되지 않은 시점이었다. 더군다나 이만큼 장사가 되는 가게 찾기가 쉽지 않다는 말을 주변에서 들은 바도 있었다. 나는 그의 말을 대수롭지 않게 여기고 바로 잊었다.

  10월 중순쯤 대학 선배님 한 분이 집들이를 한다며 우리 부부를 초대했다. 우리보다 15년쯤 먼저 이민을 오신 분으로, 우리 가족이 토론토에 발을 디뎠던 2002년 그분이 대학 동창회 부회장을 할 때 인사를 한 인연이 있었다. 가까운 선후배들을 초대한 자리였다. 그 초대가 우리의 이후 캐나다살이를 결정했다.

**3부**

# 아침 7시에 여는 옷가게

## 동창회의 존재 이유와
## 선배님 집들이

우리는 2002년 5월 토론토에 오자마자 어떤 사람의 소개로 동창회 봄 야유회에 나가게 되었다. 캐나다에 건너온 지 2주 만이었다. 집들이에 우리를 초대한 김종성 선배님은 바로 그 야유회 모임에서 처음 만난 11년 선배 되는 분이었다.

선후배 사이가 조금 유별나다는 대학 출신이지만 나는 한국에서 동창회 모임에 나간 적이 거의 없었다. 토론토에 와서 보니 대학 동창회의 성격이 한국과는 많이 달랐다. 동창회는 이민 사회에서 활성화된 친목 모임 가운데 하나였다. 외국살이를 하면서 그런 친목 모임이나 종교 단체가 아니면 한국인을 만나 사귈 기회가 거의 없다. 토론토에 당도한 지 며칠 되지도 않은 내가 그런 것을 알 리가 없었다. 우연히 나가게 된 동창회 모임에서 나는 많은 것을 얻었다. 동창회를 만난 것이 나에게는 일종의 행운이었다.

마침 2002년 우리 대학 동창회 회장단은 나 같은 젊은 후배들을 맞이하려고 만반의 준비를 하고 있었다. 1990년대 후반부터 2000년대 초반까지, 캐나다 이민 붐이 불어서 한국의 30대가 캐나다로 많이 떠났다는 이야기는 이미 한 적이 있다. 캐나다 한인 동포사회로 보아도, 불과 몇 년 사이에 30대 가족 수만 명이 한꺼번에 몰려온 것은 전례가 없는 일이었다. 2002년 우리 대학 동창회는 새로 이민을 온 후배들이 낯선 땅에 큰 어려움 없이 정착할 수 있도록 갖가지 프로그램을 만들고 최선을 다해 도와주었다.

야유회에 나갔더니, 한국에서는 만나기도 어려운 높은 선배들이 많았다. 한국전쟁 전에 대학을 다닌 선배님들도 계셨다. 선배들은 새로 온 후배들을 반갑게 맞이했다. 선배라면 후배들에게 대접받는 것을 당연하게 여길 법하지만 토론토 동창회에서는 그 반대였다. 동창회 모임에 젊은 후배가 오면 선배들이 먼저 인사하고 환영하고 대접했다. 선배들이 자꾸 붙잡고 말을 거는 바람에 모임에 처음 나갔어도 나 홀로 '뻘쭘'해할 일이 없었다.

2002년 동창회 회장단은 젊은 후배들이 동창회 모임에 많이 나와 마음 편하게 어울리게 하는 것을 그해 목표로 삼았다고 했다. 한국에 있을 적에는 '고대 가족'이라는 말이 낯뜨겁기 짝이 없는 것이었으나 낯선 땅에서 학교 선후배들을 만나고 보니 '가족'이라는 말이 잘 어울렸다. 동창들은 자연스럽게 '사회적 가족'이 되었다.

  이야기를 나누고 서로 위로할 사람들이 곁에 있으면 불안감은 당연히 줄어든다. 나아가 일자리는 어떻게 얻으며, 자영업은 어떻게 시작하며, 초보자로서 조심하고 피해야 할 것은 어떤 것들이 있는지 선배들한테 묻고 의견을 들을 수 있었다. 그런 질의와 응답이 동창회 선후배 모임에서는 자연스럽게 이루어졌다. 나로서는 이민을 오자마자 나에게 꼭 맞는 모임을 만난 셈이다. 그런 모임에 나가서 환대와 도움을 받으리라고는 상상도 하지 못했었다.

  공원에서 열린 야유회 모임에서 나는 캐나다에 온 이후 처음으로 잔디밭에 앉아 맥주를 마셨다. 캐나다 소고기 갈비도 그곳에서 비로소 맛볼 수 있었다. 참가자 모두가 하나씩 들고 온 음식은 풍성하고 맛이 좋았다. 가족들이 함께 모이는 자리여서 사람도 많았고 음식도 많았다. 우리 가족은 한국 음식을 배부르게 먹고 마음 편하게 놀 수 있었다.

  동창회는 새로 온 후배들끼리 자주 어울리도록 작은 모임도 만들어주었다. 비슷한 시기에 학교를 다닌데다 비슷한 시기에 이민을 온 만큼 동질감이 컸다. 우리는 금세 친해졌다. 모두가 외롭고 힘든 시기여서 더 그랬을 것이다.

  그해 동창회가 후배들을 위해 처음으로 기획한 특별한 행사가 하나 있었다. 바로 8월 초 시빅 홀리데이 연휴를 끼고 열린

3박 4일 캠핑이었다. 나로서는 캐나다에 와서 처음으로 경험하는 캠핑이었다. 나는 한국에서 들고 온 텐트를 캐나다 야영지에서 펼쳤다. 구입한 지 몇 년이 지나도록 한 번도 펼쳐보지 못한 텐트였다. 펼치는 것이 복잡해서 나는 엄두도 내지 못했는데, 건축과 출신 동기생 두 명이 달라붙더니 뚝딱 세워주었다. 우리 텐트가 그렇게 근사하고 튼튼한 줄은 캐나다 주립공원 캠핑장에서 처음 알았다. 가족과 함께 텐트 안에서 잠자고 놀면서 나는 캐나다 자연을 맛보았다. 주립공원의 자연은 깊고 서늘했다.

캠핑의 마지막 밤, 참가자들은 모닥불 앞에 둘러앉아 맥주병을 기울이며 시간을 보냈다. 누가 기타를 들고 와 함께 노래를 하자고 했다. 그러나 기타를 치며 '싱어롱'을 이끌 만한 사람이 없었다. 나는 동창회에 나온 지 두 달도 채 안 되었지만 용기를 내어 기타를 잡았다. 대학 시절 성당 주일학교 교사를 하면서 익힌 레퍼토리가 30곡 정도 되었다. 기타 실력도 별로였고 어떤 노래는 기타 코드도 잊었지만 여러 사람이 함께 노래할 수 있는 반주 정도는 악보를 안 보고도 할 수 있었다. 십수 년 만에 여러 사람 앞에서 치는 기타였으나 내 손가락은 코드를 기억하고 있었다.

내 기타 반주에 맞춰 함께 노래하며 놀았다. 뜻밖에도 참석자들이 너무나 즐거워했다. 모두들 이런 분위기를 오랜만에 맛보는구나 싶었다. 하긴 여름밤 캠핑장 모닥불 앞에 앉아서 맥주 마셔가며 함께 노래를 부르면 누구나 즐겁고 감동받을 것이다. 레퍼토리가 떨어지면 불렀던 노래를 또 부르고 다시 부르고 하면서 자정 무렵까지 흥겹게 놀았다.

다음 날 김응하 회장과 김종성 부회장이 아침을 함께 먹으며 "어젯밤 수고가 많았다"며 내게 고마움을 표했다. 김종성 선배님은 "토론토 가서 밥 한번 먹자"고 했다. 회장님은 샌드위치점을 성공적으로 하다가 은퇴한 상태였고, 부회장님은 의류 비즈니스를 크게 하는 분이라는 이야기를 들은 적이 있었다. 나는 다음 만남이 기대되었다. 자영업에 관해 내가 궁금해하는 것들을 개별적으로 자세히 물어볼 수 있는 기회이기 때문이었다.

그러나 그해 연말이 지나도록 김종성 선배님으로부터 연락이 없었다. 바쁘면 잊을 수도 있겠거니 생각했다. 이듬해 2월쯤 김종성 선배님으로부터 전화가 왔다.

"연락이 늦어서 미안하게 됐네. 가게를 하나 더 열고 정신없이 지내다 보니 그렇게 되었어."

선배님 부부는 우리 부부를 근사한 스테이크 식당에 불러 밥을 사주었다. 내가 한 일이 별로 없는데 이런 대접을 받아도 되나 싶을 정도로 비싼 식당이었다. 그 자리에는 회장이었던 김응하 선배님 부부도 나오셨다.

이후 두 선배님은 캐나다에 이민을 와서 자영업을 하려 하는 후배를 격려하고 싶었던지 기회 있을 때마다 우리를 불러주었다. 김종성 선배님의 집들이에도 그렇게 해서 가게 된 것이었다.

## 8개월 만에 샌드위치점을 팔다

김종성 선배님이 집들이를 한 날은 10월 중순의 어느 금요일이었다. 초대받은 사람들은 저녁 식사를 하고 거실에 모여 앉아 맥주와 차를 마시며 이야기를 나누었다. 그즈음 우리 부부는 한 주가 끝나는 금요일 저녁이면 말 그대로 파김치가 되었다. 나는 소파에 앉아 꾸벅꾸벅 졸았다. 아내는 긴장을 많이 하거나 피곤하면 체해서 눕는 경우가 많았다. 그날도 다른 방에 가서 누워 쉬고 있었다. 두 사람의 그런 모습이 다른 사람들의 눈에는 퍽 안쓰러워 보였던 모양이다. 얼마나 피곤하면 저럴까 하고.

며칠 후 2002년 동창회장이었던 김응하 선배님이 전화를 주셨다. "김종성 씨가 성우제 씨한테 일을 가르치고 싶은 모양이야. 연락 한번 해봐." 동창회 내에서 김종성 선배님은 의류 비즈니스를 성공적으로 운영할 뿐만 아니라 캐나다에 살러 온 후배들을 적극적으로 도와주는 것으로도 유명했다. 식당을 운영하면서도 '나도 저 선배님한테 일을 배울 수 있으면 참 좋겠다'

고 가끔 생각했었다. 우리 부부 두 사람을 꼼짝달싹할 수 없게 만드는 식당과는 다르게, 의류 비즈니스는 여러모로 여유가 있어 보였다. 그렇다고 내가 먼저 요청할 수도 없었다. 더군다나 나는 이미 식당 비즈니스를 하고 있었다.

김종성 선배님을 만나 함께 식사를 하며 이야기를 나누었다. 그 자리에는 사모님도 함께 나오셨다.

"지금 하는 비즈니스는 열심히 하면 먹고살기야 하겠지만 오래 하기가 어려울 거야. 너무 힘들어서 그런 거지. 힘들면 아이들 돌보는 것도 쉽지 않을 테고. 내가 일을 가르쳐줄 테니 나한테 와서 내가 하는 일을 배워봐."

선배님은 우리가 하는 작은 식당 비즈니스가 어떻게 운영되는지를 이미 훤히 꿰고 있었다. 선배님의 제안은 나에게는 '불감청고소원'이었다. 정말 하고 싶기는 했으나 내가 먼저 말을 꺼낼 수는 없는 노릇이었다. 게다가 나로서도 식당을 계속해야 하나, 말아야 하나 하고 생각이 왔다 갔다 하던 시점이었다. 그즈음 정말 공교롭게도 우리 식당을 사겠다는 사람까지 나타났으니 타이밍이 여러모로 절묘했다. 나는 바로 그 자리에서 "열심히 배우겠습니다"라고 말했다.

우리 가게를 사고 싶다는 사람도 반색을 했다. 그이는 별 기대 없이 그냥 말을 꺼내보았다고 했다. 내가 가게를 시작한 지 얼마 되지 않았기 때문이다. 그런데 일이 덜컥 성사되어, 본인도 적잖게 놀랐다고 했다. 그는 "선물을 받은 기분"이라고 했다.

주방에서 음식을 만드는 일은 남자인 자기가 하겠다고 했다. 힘 좋은 남자가 주방 일을 맡으면 우리보다 훨씬 수월하게, 오랫동안 식당을 운영할 수 있을 것 같았다. 그 사람을 보면서 '이 식당 임자는 따로 있구나' 하는 생각이 들었다.

내가 인수한 것과 똑같은 조건으로 식당을 넘기기로 했다. 일은 일사천리로 진행되었다. 그가 준 오퍼 서류를 들고 변호사를 찾아갔더니 변호사가 걱정을 했다.

"대안은 있어요? 요즘 토론토에서 장사 되는 가게 찾기가 쉽지 않거든요."

거래가 성사되어야 수익이 생기는 변호사의 입에서 이런 말이 나오는 것을 보면 당시 토론토의 자영업 환경이 어지간히도 어려운 모양이었다. '가게를 찾는다'는 내 주변 사람들 가운데 가게를 시작한 사람도 거의 없었다. 대개 3~4년이 지나서 권리금을 주고 가게를 인수하곤 했다.

식당을 넘기는 과정에서 식은땀이 흐른 일이 하나 있었다. 일주일 동안 매상 체크를 하기로 했는데, 월요일과 화요일에 평소보다 손님이 훨씬 적게 왔다. 정말 이상한 일이었다. 나와 아내는 물론 가게를 인수하려는 사람까지 초조해했다. 손님이 없자 그는 들랑날랑하며 가게 주변을 살폈다. 예상했던 매상이 나오지 않으면 가게 매매가 성사되지 않을 수도 있었다. 그때의 노심초사는 이루 말할 수가 없었다.

그러나 수요일에 극적인 일이 벌어졌다. 이틀 동안 보이지 않던 손님들이 아침부터 밀려들기 시작했다. 점심시간에는 가게 바깥까지 길게 줄을 섰다. 나로서는 처음 보는 광경이었다. 수요일 매상은 이틀 동안 '공친 것'을 벌충하고도 남았다. 그 주 매출을 계산해보니 내가 말했던 주매상보다 더 많았다. 나도 그랬지만, 가게를 사려는 사람도 많이 좋아했다.

11월 한 달 동안 모든 절차를 마치고 11월 마지막 날 가게 열쇠를 그에게 넘겼다. 우리가 식당을 인수한 지 꼭 8개월 만이었다. 서운하거나 아쉬운 것은 없었다. 그저 속이 후련했다.

2004년 12월 초부터 우리 부부는 선배님 가게에 출근하기 시작했다. 여성 옷과 핸드백, 액세서리를 취급하는 부티크숍 두 군데였다. 두 곳 모두 지하철역 안에 있었다. 선배님 가게에는 직원들이 많았다. 우리 두 사람은 월급을 받는 직원인 동시에 일을 배우는 학생 같은 존재였다. 말하자면 돈을 받아가며 공부하는 '장학생'이었던 셈이다.


## '은인' 선배님 이야기

1980년 후반에 캐나다로 살러 온 선배님은 지하철역 안에서

부티크숍(이후 '옷가게'라 칭함) 4개를 '셋업'(빈 공간에 자기 가게를 직접 차리는 것을 뜻한다. 권리금을 주고 가게를 인수하는 것과 다른 개념이다)했었다. 나중에 우리 가게 또한 선배님의 도움을 받아 문을 열었으니 지하철역 안에서만 옷가게 5개를 성공시킨 '프로페셔널 비즈니스맨'(지하철역이 아닌 곳까지 포함하면 총 8개)이었다.

그런 선배님도 비즈니스를 처음 시작할 때는 적지 않은 시련을 겪었다. 1980년대 말에 이민을 온 선배님은 캐나다 경제가 불황에 빠져 있던 1990년대 초반 처음으로 가게를 시작했다. 권리금을 주고 인수한, 여성 액세서리와 화장품, 가방 등을 취급하는 가게였다.

가게 문을 열기는 했으나 불황의 그늘 때문인지 장사가 잘되지 않았다. 가게에 변화가 필요했다. 변화가 없으면 위기를 맞을 수밖에 없다. 비빌 언덕 하나 없는 외국에서 이런 위기에 빠질까 봐 나 같은 자영업자들은 늘 노심초사한다.

선배님은 가게에 손님이 들지 않는 원인을 찾아나갔다. 가게의 입지 환경 및 손님들의 경제·문화 수준을 파악하고 분석했다. 가게가 손님들의 성향과 취향에 맞춘 새로운 상품들로 채워지자 비로소 손님들이 몰려오기 시작했다. 가게의 환골탈태에 손님들이 응답한 것이다.

매출은 상승세를 이어나갔다. 그런데 예상치 못한 곳에서 또

위기가 닥쳐왔다. 이번에는 건물주의 횡포였다. 가게를 재계약할 때가 되자 건물주는 수십만 달러(한국 돈으로 수억 원)를 들여 가게를 '리노베이션'하라고 요구해왔다. 임대차 계약서에 그런 조항이 있기는 하지만 리노베이션은 대체로 상식선에서 이루어진다. 재계약할 때 리노베이션은 보통 페인트칠을 다시 하는 정도로 끝나게 마련이다.

임대인이 터무니없는 액수를 거론하며 리노베이션을 하라는 것은 '건물을 비우고 나가라'는 말과 다름없었다. 혼신의 힘을 다해 성공시킨 가게를 생각하면 건물주의 요구를 수용해야 하지만 그렇게 하기도 어려웠다. 5년이 지나면 다시 똑같은 요구를 해올 것이기 때문이다.

가게가 잘되어 손님들이 많이 드나들면 건물 전체가 활기를 띠게 마련이다. 그런데도 건물주는 가게를 가로채거나 더 비싼 임대료를 받고 다른 사람에게 넘기겠다는 탐욕을 노골적으로 드러냈다. 악덕 건물주가 이런 식으로 작정하고 나오면 임차인으로서는 당해낼 방법이 없다. 망연자실하며 기도(선배님은 개신교 신자이다)를 하고 있던 차에, 어느 날 외국인 부동산 중개업자가 가게 문을 열고 들어왔다. 그는 뜻밖의 제안을 했다.

"나는 대형 빌딩들을 관리하는 부동산 중개인입니다. 빌딩 상가에 빈자리가 나면 그곳에 마땅한 가게를 들이는 일을 하고 있지요. 얼마 전 가게 자리가 하나 비었는데, 이곳과 똑같은 가게가 거기에 들어왔으면 합니다. 그 빌딩에 가게를 차릴 의향이 있는지 알고 싶어서 왔습니다."

이런 것을 두고 하늘이 내려준 기회라고 한다. 선배님 사모님은 그 부동산 중개인을 가리켜 '가브리엘 천사'라고 표현했다. 그러나 그 기회는 이유 없이 주어진 것이 아니었다. 부동산 중개인은 평소 선배님 가게 앞을 오가면서 가게가 변화하는 모습을 줄곧 지켜보았다. 주인 부부가 얼마나 노력하는지를 알고 있었고 그 노력이 큰 결실을 맺고 있다는 사실도 잘 알고 있었다. 그쯤 되면 자기가 관리하는 대형 빌딩에 들어올 자격이 충분하다고 판단하여 입주를 제안한 것이다.

고급 빌딩에는 아무나 들어갈 수 있는 것이 아니다. 경력·실력·신용 등이 두루 검증되어야 한다. 선배님은 본인도 모르는 사이에 부동산 중개인의 검증을 통과한 셈이다. 토론토에서 처음 시작한 가게에 선배님 부부는 온갖 정성을 쏟아부었다. 바로 그것이 큰 위기에서 선배님을 구해주었다. 전화위복이었다.

선배님은 새로운 공간에 들어가 첫번째 가게를 하면서 쌓은 경험과 노하우를 그대로 적용했다. 가게가 문을 열자 손님들은 기다렸다는 듯이 밀려들었다. 부동산 중개인의 눈은 정확했다. 그는 그 자리에 꼭 맞는 가게와 주인을 찾아냈다.

선배님은 두번째 가게이자 첫번째로 직접 차린 가게를 이렇게 성공시켰다. 그 이후 사업을 의류 분야로 확대하면서 30년 넘게 토론토에서 비즈니스를 성공적으로 일구어왔다. 나는 선배님의 사업이 한창 번창할 무렵 그분을 만났다.

## 지하철역을 환하게 밝힌 예쁜 부티크

내가 선배님 가게에서 일을 할 당시 선배님은 토론토 지하철역 안에서 가게 2개를 운영 중이었다. 2000년대 초반 선배님이 지하철역 가게를 처음 '셋업'할 당시만 해도 토론토의 지하철역은 비즈니스를 하기에 그다지 좋은 환경이 아니었다.

토론토 지하철은 서울 지하철 1호선보다 20년이 빠른 1954년에 개통했다. 역사가 오래되다 보니 어느 역을 막론하고 시설이 낡고 어두웠다. 지저분하고 오물 냄새를 풍기는 곳도 있었다. 비즈니스 측면으로 말하자면, 토론토 지하철역들은 누구도 주목하지 않는 버려진 공간이나 다름없었다. 가게가 들어설 환경이 아니었다는 얘기다.

지하철역이 늘 사람들이 왕래하는 곳이니 가게가 더러 있기는 했다. 그래봐야 담배와 복권, 과자와 음료수를 파는 곳이 고작이었다. 옷가게도 몇 개 있었지만 가게라기보다는 물건을 쌓아두는 창고라고 봐도 무방했다. 토론토 지하철 승객은 하루 160만 명에 이르지만 그들이 지하철역에서 쇼핑할 일은 없었다. 가게 같은 가게가 없었기 때문이다.

도심의 대형 빌딩에서 비즈니스를 하고 있던 선배님은 2000년대 초반 토론토 지하철역에 주목했다. 밝고 시설 좋은 고급 빌딩에서 어둡고 낡은 지하철역으로 일부러 찾아 들어간 데는 몇 가지 이유가 있었다.

첫번째는 쇼핑 문화가 바뀔 것이라는 예상이 있었다. 2000년대 초반은 온라인 쇼핑이 태동할 무렵이었다. 선배님은 앞으로 온라인 쇼핑이 소비문화의 한 축이 될 것이라고 내다보았다. 온라인 쇼핑 시대에 일반 가게가 살아남으려면 사람들이 늘 지나다니는 '로케이션'으로 찾아 들어갈 필요가 있었다. 그런 곳이 바로 토론토 지하철역이었다.

두번째로 주목한 것은 토론토라는 도시의 불편하기 짝이 없는 쇼핑 환경. 북미 대도시가 모두 그렇듯이 토론토 시민들은 옷가지 하나를 사려 해도 자동차를 타고 쇼핑몰을 일부러 찾아가야 한다. 자동차가 없으면 대중교통을 이용해야 하는데, 시간을 이만저만 잡아먹는 것이 아니다.

선배님은 지하철역의 잠재력을 눈여겨보고 2000년대 들어 그곳으로 진입했다. 그즈음 토론토대중교통위원회(Toronto Transit Commission. 보통 TTC라고 불린다. 한국의 지하철공사와 같은 곳이다)는 지하철역에 가게 자리가 생기면 신문에 공고를 하고 지원자를 모집했다. 여러 사람이 가게 운영 계획서를 제출하고 심사위원 앞에서 발표를 했다. 지원자가 적어내는 임차료보다는 임차인의 능력과 가게의 비전 같은 것들에 대한 배점이 더 컸다. 공공기관이 관리하는 공간이었기 때문이다.

이 지점에서, 선배님이 운영하던 가게의 건물주, 곧 빌딩 주인의 추천서가 큰 역할을 했다. 건물주는 자기 건물을 빛내주는 선배님을 좋아해서 평소 운동과 식사를 함께하기도 했다. 토론토에 수십 층짜리 빌딩 5개 이상을 소유한 건물주가 자기 건물 임차인을 위해 써준 추천서는 다른 모든 평가 항목을 압도할 만큼 위력적이었다(이런 점으로 보자면, 캐나다는 '신용' 사회이자 '추천서' 사회라고 할 만하다).

선배님은 심사에서 최고 점수를 받았고 지하철역 안에서 가게 자리 3개를 얻었다. 선배님이 들어간 공간들은 어둡고 물이 새고 지저분하고 악취까지 풍기는 곳이었다. 심지어 한 곳은 구두 수선업자가 말없이 그냥 사라진 자리였다(이런 것을 두고 '야반도주'라고 한다). 가게 자리로는 최악이었다. 공간 크기도 120스퀘어피트, 곧 3평 남짓했다. 컨테이너의 절반 크기였다.

그렇게 작고 어둡고, 그래서 버려졌던 자리가 선배님을 통해 밝고 산뜻하고 콤팩트한 공간으로 탈바꿈했다. 토론토 지하철역에 처음 등장한 새로운 스타일의 예쁜 가게였다. 고급 빌딩이나 쇼핑몰에 갖다놓아도 빛이 날 만한 가게가 어두컴컴한 지하철역에 들어서자 손님들은 환호했다. 대박이었다.

가게를 열자마자 손님들이 줄을 섰다. 출퇴근길에 들르면 되는 가게이다 보니, 손님들로서는 쇼핑하기가 더없이 편했다. 이 가게가 갖춘 장점은 뛰어난 접근성뿐만 아니라 손님들의 취향 및 수준에 맞춘 상품, 그리고 저렴한 가격이었다 지하철 승객들의 취향을 파악하기 위해 선배님 부부는 며칠 동안 지하철을 타고 돌아다니며 승객들의 차림새와 가방 등을 살폈다고 했다.

손님도 손님이지만 여성 옷과 가방, 액세서리 같은 예쁜 물건이 밝고 환하게 진열되자 해당 지하철역의 분위기가 단번에 바뀌었다. 지하철역의 그 작고 지저분하던 공간이 밝고 예쁜 가게로 변모할 것이라고 예상한 사람은 없었다. 이후 선배님 가게는 지하철역에 들어서는 다른 모든 가게의 모델이 되었다. 내가 선배님 가게에 들어가 일을 배울 무렵은 선배님의 지하철역 가게들이 3~4년 차에 접어들어 매출이 상승곡선을 그리던 때였다.

## 도매회사 목록은 식당의 레시피다

나처럼 내 가게를 하려는 사람에게 선배님 가게는 더없이 좋은 학교였다. 그곳에서 1년 3개월 동안 지내면서 나는 가게 운영에 관한 모든 것을 속속들이 배우고 익혔다. 심지어 선배님은 하루 장사를 마감하는 방법까지 알려주었다. '마감'은 하루치 매상을 확인하고 기록하는 일이다. 저녁에 가게 문을 닫고 캐시레지스터(금전등록기)를 열어 계산을 해보게 하는 일은, 가게의 정확한 매상을 나에게 알려주는 것이나 다름없었다. 장사를 하는 사람들은 가게 매상 '숫자'를 담당 회계사에게만 알려준다. 그러나 선배님은 그런 불문율도 개의치 않았다. 그렇게 나와 아내는 선배님 가게에서 마감을 직접 하면서 그 방법을 속속들이 익혔다. 실전을 통한 훈련이었다.

우리 부부는 선배님 내외분으로부터 의류업과 관련한 노하우를 하나하나 배워나갔다. 미국에는 크게 성공한 한국인 의류업자들이 많지만 이상하게도 캐나다에는 그런 한국인이 거의 없었다. 20년 가까이 이 업종의 일을 하면서 내가 만난 한국인 의류업자들은 모두가 나와 같은 소상인들이었다. 게다가 그 숫자가 얼마 되지도 않았다.

토론토를 주도(州都)로 하고 있는 온타리오주에서 한국인 자영업자들은 주로 편의점을 운영해왔다. 2000년대 초반까지만 해도 온타리오주 편의점업계를 쥐락펴락할 정도로 숫자가 많았다. 토론토 한인사회에서 '가게'라고 하면 편의점을 의미했다. 그런 배경 때문에 캐나다 공영방송 CBC의 시트콤 드라마 「김씨네 편의점(Kim's Convenience)」이 나올 수 있었다.

한때 한인사회가 온타리오주 편의점업계를 장악(자체 도매상까지 여럿 운영했다)할 수 있었던 이유는 그 업계에 종사하는 한국인 숫자가 그만큼 많았고, 한국인들끼리 정보와 노하우를 공유할 수 있었기 때문이다. 세계 각국의 다양한 사람들이 모여 사는 토론토에서는 특정 업계를 특정 나라 사람들이 차지하고 있는 경우가 많다. 건설 현장에서는 포르투갈 사람들이 위세를 떨치고 대중교통 분야에서는 이탈리아 사람들이 힘을 쓴다.

이런 점으로 보자면 토론토에서 한국 사람이 옷 장사를 하는 것은 결코 쉬운 일이 아니다. '한국인 동료'가 없는 탓이다. 이런 환경에서는 다른 무엇보다 정보를 구하기가 쉽지 않다. 액세서리 가게로 비즈니스를 시작한 선배님은 오로지 혼자만의 힘으로 옷가게를 일구어냈다. 물어볼 사람도 없고, 어디에 어떤 도매회사가 있다고 알려주는 사람도 없으니 스스로 방법을 찾아내는 수밖에 없었다. 방법은 두 가지였다.

첫째는 '모드쇼' '패션쇼'에서 내 가게에 어울리는 상품을 찾아내는 것이다. 대형 전시장에서 계절마다 열리는 쇼에는 도매회사들이 부스를 열고 새로 나온 의류와 가방, 액세서리 등을 소매상들에게 선보인다. 내 가게와 잘 맞을 듯한 도매회사를 찾았다고 해서 금방 문제가 해결되는 것도 아니다. 거래를 통해 검증을 해봐야 서로가 잘 맞는지 여부를 판단할 수 있다. 오래 거래할 수 있는 새로운 도매회사를 찾아내는 것은 정말 쉽지 않은 일이다.

두번째 방법은 맨땅에 '헤딩'하기. 다른 옷가게를 찾아가는 것이다. 마음에 드는 옷을 들고 "이 물건 어디서 떼와요?"라고 묻는다고 해서 선뜻 가르쳐줄 주인은 없다. 욕이나 얻어먹지 않으면 다행이다. 선배님은 '좋은 물건'을 발견하면 그것을 말없이 구입했다. 옷의 '라벨'에는 도매회사 정보(CA로 시작하는 회사 고유번호)가 적혀 있다. 그런 것이 있다는 사실도, 그 번호를 가지고 회사를 찾아가는 방법도 선배님 스스로 연구해 찾아냈다.

혼자 연구하고 발품을 팔아가며 하나하나 찾을 수밖에 없었으니, 그렇게 해서 작성한 거래처 목록은 음식점 고유의 레시피만큼 중요하다고 할 수 있다. 선배님은 바로 그 거래처 목록부터 내게 전해주었다. 내가 일을 배울 당시, 선배님은 토론토 인근에 있는 수십 개 도매회사와 거래를 하고 있었다. 선배님은 나를 데리고 그곳들을 순례하다시피 했다. 도매회사 사람들에게는 나를 '브라더'라고 소개했다. 그것은 언제가 될지 모르지만 내가 가게 문을 열면 선배님과 똑같은 조건으로 물건을 주라는 것을 의미했다. 선배님을 통하지 않았더라면 그들을 만나기도 어려웠을 테고, 문턱을 넘는 것도 쉽지 않았을 것이다. 도매회사들은 돈을 들고 와도 낯선 사람에게는 물건을 쉽게 주지 않는다.

이후 나는 매일 선배님 내외분과 함께 도매회사들을 돌아다니며 물건을 사왔다. 한국식으로 말하자면 선배님 가게에서 팔 물건들을 떼왔다. 그 과정에서 고르는 방법, '딜'(흥정)하는 법, 도매회사 사람들을 대하는 방법 등에 관해 자세히 배웠다.

## 소매상은 도매상의 손님이 아니다

가게 운영과 관련해 내가 선배님한테서 배운 내용은 모두 '통념 깨기' '파격' '발상의 전환' 같은 것들과 관련되어 있다.

먼저, 도매회사 사람들과의 관계에 대한 것이다.

상식적으로 보자면 소매상인 나는 돈을 내고 물건을 사는 도매회사의 손님이다. 손님은 손님이되 나는 도매회사에 가서 손님 대접을 받으려 해서는 안 된다. 그 반대로 물건을 사는 내가 물건을 파는 사람들을 손님처럼 대해야 한다. 내가 손님이라고 해서 큰소리치거나 하는 것은 있을 수가 없는 일이다. 그렇게 했다가는 결국 손해가 나에게 돌아온다. 거래처 사람들과의 좋은 관계는 가게의 성패를 좌우하는 중요한 요소 가운데 하나이다. 좋은 손님에게 좋은 물건을 좋은 조건으로 주고 싶어 하는 것은 인지상정이다. 나도 우리 가게에서 매너 좋은 손님에게 조금이라도 더 잘해주려고 애를 쓴다.

두번째는 현장 결제. 일반적으로 토론토의 의류 소매상들은 매달 마지막 날 도매회사에 물건값을 지불한다. 이를테면 소매상이 도매회사에서 7월에 가져온 물건 대금은 7월 31일에 몰아서 지불한다는 얘기이다. 보통은 7월 31일자에 결제되는 수표를 건네준다. 그러나 나는 물건을 가져오면서 현금이나 신용카드로 물건값을 그 자리에서 바로 치른다. 이른바 '현찰 박치기'이다. 이것을 환영하지 않을 장사꾼은 없다.

물건값을 바로 주는 소매상은 어느 거래처를 가든 대접받는다. 도매회사는 신상품이 들어오면 가장 먼저 연락해주고, 잘 나가는 물건은 따로 빼놓았다가 챙겨주고, 나아가 물건을 조금이라도 싸게 주려고 애를 쓰기도 한다. 거래처에서 물건을 싸게 가져오면 그만큼 나도 싸게 팔 수 있다. "Chantelle(선배님 가게 이름)에 가면 같은 옷이라도 싸게 살 수 있다"는 입소문은 지하철을 타고 금세 퍼진다.

세번째는 도매회사와 맺는 좋은 관계, 곧 신용이다. 신용이 하루아침에 쌓이지 않는다는 것은 상식이다. 가게를 하면서 배운 사실은, 눈속임은 꼭 들통이 난다는 것이다. 신용은 쌓기는 어려워도 무너지는 것은 한순간이다. 한번 무너지면 좀체 회복되지 않는다. 20년 가까이 나와 거래를 해온 도매회사는 모두 내가 믿는 곳들이다. "나는 사람을 믿지 않는다"고 말하는 사람을 본 적이 있다. 장사꾼들의 세계를 모르고 하는 소리이다.

우리 가게 손님과의 신용도 마찬가지이다. 조금이라도 속여서 팔았다가는 금세 손해가 되어 돌아온다. 들통이 나니까 눈속임이다.

그래도 우리 손님에게 거짓말을 할 때가 있기는 있다. 손님이 옷을 입어보고 "조금 작지 않아요?"라고 물어오면 "몇 번 입으면 몸에 잘 맞을 거예요"라고 말한다. "조금 크지 않아요?"라고 하면 "한번 빨고 나면 작아져요"라고 답해준다. 두 가지 모두 사실인지 아닌지 나는 모른다. 그 옷을 마음에 들어 하는 손님이 듣고 싶어 하는 답이라고 생각해서 하는 말이다. 내 생각일 뿐인지도 모르지만.

장사꾼의 신용과 관련해 다음과 같은 글을 쓴 적이 있다. 『경향신문』 2018년 7월 29일자에 게재한 칼럼이다.

### 사이먼과 노회찬

토론토에서 의류 비즈니스에 종사하며 만난 특이한 인물이 있다. 이름은 사이먼. 만난 지 10년이 좀 넘었다. 70대 후반인 그는 예나 지금이나 똑같은 옷차림에 똑같은 인상이다. 빛바랜 야구모자를 푹 눌러쓰고 사시사철 점퍼는 열고 다닌다. 코끼리 같은 몸집에 다리를 조금 절룩거린다. 주름이 깊게 파인 얼굴은 하얀 수염으로 늘 덥수룩한데 이를 드러내며 씨익 웃는 미소가 일품이다. 그는 유대인이지만 나를 만나면 스님처럼 합장한 뒤 악수를 청한다. 그의 인사말도 늘 똑같다. "지금은 모두가 어려운 시기야. 다음 달부터는 틀림없이 좋아질 거야."

사이먼은 옷을 취급하는 도소매 상인들에게 비닐백 등 장사에 필요한 각종 물품을 공급하는 업자이다. 도매상 중에는 유대인들이 많다. 내가 아는 유대인 도매상은 모두 사이먼과 거래를 한다. 토론토 유대인 커뮤니티에도 경쟁자가 있을 텐데 사이먼이 거의 독점을 하고 있다면 물건에 특별한 무엇이 있을 것 같았다. 가격과 품질이 뛰어나지 않고는 있을 수 없는 일이었다.

내가 사이먼한테서 처음으로 물건을 받던 날 가격이 이상하다 싶어 그가 건네준 영수증을 다시 계산해보았다. 사이먼은 물건을 싸게 준 것이 아니라 덧셈을 잘못해서 200달러 가까운 돈을 덜 받았다. "당신이 실수했다"며 돈을 더 주었더니, 사이먼은 두 손을 모아 내게 인사를 했다.

나에게 사이먼의 존재를 알려준 사람은 도매상을 운영하는 제이크였다. 역시 유대인인 그에게 그 이야기를 했더니 "200달러는 사이먼에게 대단히 큰돈"이라며 그는 마치 자기 일처럼 고마워했다. 그 참에 나는 궁금해하던 것을 처음으로 물어보았다. "당신들은 왜 사이먼한테서만 물건을 사지?" 제이크는 말했다. "사이먼이 좋은 사람이라서 그래. 나는 그를 30년 넘게 알아왔는데 사이먼은 한결같이 좋은 사람이었어." 제이크의 다음 말이 내게는 충격이었다.

"사이먼 물건은 언제나 품질이 좋고 가격도 좋아. 다른 데와 비교하지도 않지만 설령 그가 비싸게 받는다 해도 나는 그의 가격이 싸다고 생각할 거야." 그 이유가 무엇인지 물었다. 제이크는 사이먼의 평범하지 않은 삶에 대해 간단하게 말해주었다. 사이먼은 잘나가던 의류회사 운영자였다. 그의 사업체는 외부 요인 때문에 십수 년 전에 문을 닫았다. 사업이 잘될 때든 실패한 이후든 그가 토론토 유대인 커뮤니티에서 하는 일은 똑같았다. 가난하고 불쌍한 사람들을 위해 발 벗고 나선 일이다. 도움을 청하면 사이먼은 누구든 언제든 가리지 않고 응해주었다. 수십 년에 걸친 헌신적인 활동 때문에 사이먼이라는 이름은, 의류 비즈니스에 종사하는 유대인들 사이에서 '존경' '신뢰'와 동의어였다. 그러니까 "사이먼 물건이 비싸도 그것은 싼 것이다"라는 말도 안 되는 말이 말이 되는 것이다.

2018년 7월 넷째 주 닷새 동안 유례없는 폭염 속에서도 6만여 시민이 분향소를 찾아 노회찬 의원을 추모했다는 뉴스를 들었다. 그렇게 많은 사람들이 함께 아파한 까닭은 가난하고 소외되고 힘없어 억울한 사람들 편에 섰던 노 의원의 수십 년에 걸친 한결같은 활동 때문이었을 것이다. 그는 너무나 꼼꼼하게 한결같아서, 모교 민주동우회(민주화 과정에서 희생된 이들을 돕고 기억하는 대학동문회)에까지 연회비 3만 원을 십수 년 동안 꼬박꼬박 보내왔다고 했다. 본인은 양복 두 벌에 닳아빠진 구두 한 켤레로 살았으면서도 말이다.

나는 그의 죽음을 접하면서 토론토 유대인 커뮤니티의 사이먼을 자연스레 떠올렸다. 사이먼이 공급하는 물건은 무조건 싸고 좋다는 믿음은 수십 년 헌신에 대한 주변 사람들의 존경과 신뢰에서 연유한다. 노회찬의 죽음에 마음 아파하는 우리는 왜 살아생전 그에게 사이먼 식의 존경과 신뢰를 보내지 못했을까? 그가 그것을 느끼고 자기의 진정성을 사람들이 알아주리라 믿었더라면 그의 선택은 달라졌을지도 모르겠다. 그의 죽음이 그래서 더 애통하다.

## '신상'은 매일 들어온다……
## 밑지고도 판다

도매회사에서 이루어지는 파격적인 방식은 물건을 얼마나 자주, 어떤 식으로 사오느냐 하는 것에도 적용된다. 손님들은 새로운 옷에 늘 관심이 많다. 우리 가게 손님들은 자주 묻는다. "새로운 물건(한국에서는 '신상'이라고 부르는 것을 이곳에서는 'New'라고 한다) 언제 들어와요?" "무슨 요일에 오면 새 물건 볼 수 있어요?"

"거의 매일 들어온다"고 하면 놀라지 않는 사람이 없다. 그런 옷가게가 없기 때문이다. 우리는 새 물건을 구하러 매일 돌아다닌다. 이것 또한 파격이고 통념을 깨는 일이다. 날마다 물건이 들어오는 것은 '재고 관리'와도 연관이 되어 있다.

선배님이 우리 부부를 가르치면서 가장 강조한 사실은 '재고를 무서워하라'는 것이었다. 계절이 바뀔 즈음 옷가게들은 신상품을 많이 구입해서 창고에 쟁여놓는다. 시즌 내내 그것들을 하나씩 꺼내어 팔고, 시즌이 끝날 무렵이면 세일을 해서 정리한다. 이것이 일반적인 패턴이다. 세일을 했는데도 팔리지 않는 물건이 있다. 그것이 바로 재고다. 재고는 몇 시즌을 묵을 수도 있다. 그런 것을 악성 재고라고 한다.

우리 같은 소규모 가게가 이런 식으로 했다가는 재고에 치일 수밖에 없다. 아무리 장사를 잘해도 재고가 쌓이면 앞에서 남고 뒤로 밑진다. 돈을 벌 수 없다는 얘기다. 게다가 시즌 내내 같은 옷만 내놓는다면 가게의 신선도가 떨어질 수밖에 없다. 손님은 늘 '뉴'(신상품)를 찾는데, 그런 식이라면 손님들의 구미를 맞춰줄 방법이 없다.

선배님은 일반 옷가게의 상품 구입 패턴을 따르지 않았다. 이것도 파격이었다. 신상품이 좋고 싸다 해도 한꺼번에 많이 사서 쌓아두지 않는다. 옷도 채소와 같아서 시들기 전에 빨리 팔아치워야 한다. 내가 선배님한테 배워서 상품의 선도를 유지하는 방법은 이렇다. 지난 20년 동안 나는 늘 그렇게 했다. 노하우 대방출.

도매회사에 새로운 상품이 들어오면 아무리 좋아 보여도 종류별로 몇 개씩만 사다가 손님들의 반응부터 살핀다. 반응이 좋으면 다음 날 도매회사에 가서 좀 더 사오고, 반응이 없는 물건은 가져오지 않는다. 다른 회사에 가서 또 다른 신상품을 그런 식으로 가게에 가져다 놓는다. 도매회사들도 선배님과 우리 가게의 스타일을 이미 알고 있어서 잘 협조해준다. 결과를 놓고 보면 우리가 매출을 더 올려준다는 사실을 경험을 통해 알고 있기 때문이다.

이런 방식이면 손님들에게 늘 '뉴'를 제공할 수가 있다. 전제 조건이 있다. 거래하는 도매회사가 많아야 하고 매일 부지런하게 돌아다녀야 한다. 성가시고 귀찮은 일이지만 이렇게 하는 것이 옷의 신선도를 유지하면서 재고를 줄이는 가장 효과적인 방법이다. 장사를 잘하느냐 못하느냐 하는 것은 재고를 처리하는 방법에서 판가름 날 수도 있다.

시즌 끝 무렵, 물건이 남으면 우리도 가격을 내려서 판다. 우리는 '털어버린다' '없앤다'라고 말한다. 가격을 내려도 팔리지 않는 물건이 있게 마련이다. 잘나간다고 많이 잡았다가 그대로 잠기는 경우도 가끔씩은 있다. 이럴 때는 여지없이 파격적인 방법을 동원한다. 장사꾼이 "밑지고 판다" "남는 것 없다"고 말하면 사람들은 믿지 않는다. 장사꾼의 이런 말을 3대 거짓말 중 하나라고 우기는 사람도 있다.

그러나 우리 가게는 남는 것 없이도 팔고 밑지고도 판다. 그렇게 해서라도 빨리 없애버리는 것이 남는 장사다. 악성 재고를 오래 붙들고 있어봐야 좋을 것이 하나도 없다. 원가보다 낮은 가격이라도 빨리 털어버리고, 그 자리에 신상품을 갖다놓아야 돈을 만들 수 있다. 그렇게 하면 가게 이미지도 좋아진다. 선배님은 "원가로 팔아도 아까워하지 말라" "손님한테 물건을 싼 가격에 제공하면서 가게를 광고한다고 생각하라"고 했다. 20년 가까이 장사하는 동안 나도 '밑지는 장사'를 몇 번 해보기는 했다. 밑지고 파는 것이 때로는 남는 장사이다.

계절이 바뀔 때마다 팔다 남은 물건은 대용량 쓰레기 봉지(이곳에서는 '가비지백'이라고 부른다)에 담아 창고에 넣어두는데, 선배님은 장사를 그렇게 크게 하면서도 가비지백이 2개가 넘지 않았다. 이쯤 되면 재고가 거의 없다고 보면 된다. 선배님 가게에서 일하면서 배웠던 가장 중요한 것은 바로 재고를 관리하는 방법이었다. 재고 관리를 못하면 장사는 망한다.

## 아침 7시에 여는 옷가게

선배님 가게에서 일을 하면서 배운다는 것은, 내 가게를 하면서 겪어야 할 시행착오를 줄이는 정도를 훨씬 뛰어넘었다. 내 처지에서 보자면, 그것은 시행착오를 거의 없애는 것을 의미했다. 권리금을 주고 가게를 산다고 해도 이렇게까지 배울 수는 없다. 1년 3개월 동안 선배님은 우리에게 의류업과 관련해 경험한 모든 것을 전수해주었다. 마감하고 난 다음 금전등록기에 넣어두는 거스름돈 액수, 손님에게 물건을 교환해주는 방법, 심지어 바닥과 쇼윈도 청소하는 방법까지 배웠다. 선배님 가게에서 배울 수 있는 것은 다 배웠고, 나는 내 가게를 열면서 배운 것을 그대로 따라 했다.

선배님의 가게는 운영 방식도 파격적이었다.

먼저, 가게 문을 여는 시간. 일반 옷가게가 오전 6~7시에 문을 여는 경우는 찾아보기 어려울 것이다. 지역 소매상을 상대로 하는 서울 동대문 도매시장이 새벽 장사를 한다는 소리는 들어보았으나 한국에서도, 캐나다에서도 옷가게가 새벽에 문을 연다는 것은 듣지도 보지도 못했다.

그러나 선배님의 가게는 새벽에 문을 열었다. 7시에 열어도 가게 앞에서 기다리는 손님이 생기자 나중에는 6시대로 바꾸었다. 그 이른 시간에도 지하철 승객들이 있다는 사실에서 착안한 파격이었다.

아침 출근길에 옷을 사는 사람들도 있고, 눈도장을 찍어두었다가 퇴근길에 가게를 찾는 손님도 있다. 저녁에 왔다가는 물건이 다 팔렸을까 봐 미리 사놓고 맡겨두는 사람도 있다. 먹는 장사도 아닌데, 그 이른 시간에 옷가게 문을 연다고 하면 놀라지 않는 사람이 거의 없다. 선배님 가게는 2020년 선배님이 은퇴를 할 때까지 그렇게 문을 열었고, 우리 가게도 처음부터 지금까지 새벽에 문을 열고 있다.

한 번 언급했다시피, 지하철역 안에 있는 선배님 가게는 대단히 좁았다. 가게 중 하나는 우리가 생각하는 일반 쇼핑몰 옷가게의 4분의 1쯤 되는 크기였고, 다른 하나는 120스퀘어피트(3평 남짓)밖에 안 되는 공간이었다. 그 작은 가게들 앞에 아침 일찍부터 손님들이 줄을 섰다.

선배님 가게가 새벽에 문을 열면 지하철역 전체가 환하게 밝아진다. 건물주인 TTC(토론토대중교통위원회)가 그런 분위기를 반길 수밖에 없다. 우리 가게도 그대로 따라 했다. TTC 관계자들도 좋아했고 손님들도 좋아했다.

## 돌발상황과 전화위복

선배님은 비즈니스 노하우를 우리에게 모두 전수해주는 한편으로, 건물주를 만나러 갈 때마다 나를 데리고 갔다. 선배님 가게의 건물주는 TTC 담당자들이었다. 그들에게 선배님은 나를 이렇게 소개했다.

"내 동생이나 다름없는 사람이다. 지금 나한테서 일을 배우는 중이고."

 이 말은 곧 지하철역 안에 가게 자리가 생기면 기회를 달라는 뜻이었다. 공공기관인 TTC는 빈자리가 여러 개 생길 적에는 임차인을 공개적으로 모집하지만 때로는 개별적으로 심사해 자리를 내주는 경우도 있었다.

 내가 선배님 가게에서 일을 하던 어느 날 TTC가 관리하는 토론토 도심의 한 건물 지하에 빈자리가 생길 수도 있겠다고 TTC 담당자가 알려왔다. 그 자리에서 장사하던 사람이 나가려 한다는 얘기였다. 선배님은 그 담당자를 바로 만나러 갔다. 미팅을 마치고 나온 선배님은 얼마나 열심히 협상을 벌였는지 진이 다 빠진 모습이었다. 그곳에서 장사하던 사람이 마음을 바꾸는 바람에, 내가 그 자리에 들어가지는 못했지만 선배님의 그 모습은 마음속에 남았다.

 선배님 가게와 두 정거장 떨어진 '셰퍼드 & 영' 지하철역에 선배님 가게와 똑같은 품목을 취급하는 옷가게가 하나 있었다. 문을 연 지 오래되지 않은 곳이었다. 가게는 어두컴컴하고 물건을 중구난방으로 쌓아놓아 창고와 다를 바가 없었다. 손님이 있을 리가 없었다.

 그 가게 주인을 찾아가 "혹시 가게를 팔 생각이 있느냐"고 물어보았다. 선배님 사모님이 권한 방법이었다. 나도 식당을 그렇게 팔았던 만큼 가능성이 아주 없는 것은 아니었다. 뜻밖에도 가게 주인은 반색을 했다. 어찌저찌하여 지하철역에 입점은 했는데, 장사는 안 되고 어찌할 방법도 찾지 못하던 터에 그런 제안이 들어왔으니 그로서도 당연히 좋았을 것이다.

그러나 문제는 그 가게의 임대차 계약 조항이었다. 그 시점에 가게 매매는 사실상 불가능했다. 건물주인 TTC 담당자에게 문의했더니 난색을 표했다. 가게 운영 상태를 보아 허락할 법도 했지만 공공기관이라 엄격하게 규정을 따르는 것 같았다. 일을 일부러 만들려고 하지 않는다는 느낌이 들었다.

나로서는 그 가게에 몇 년이고 목을 맬 수도 없는 노릇이었다. 선배님 가게에서 배울 만큼 배웠으니 다른 곳을 찾아 하루라도 빨리 나오는 것이 도리였다. 더 이상 부담을 드릴 수는 없었다. 내가 운영할 가게(자리)를 찾지 못하더라도 일단 선배님 가게에서 나와야겠다고 마음을 먹었다.

그즈음 돌발상황이 하나 발생했다. 지하철역 매표소 직원이 선배님 가게 직원을 괴롭힌 사건이었다. 평소 가게 직원들은 쉬는 시간에 출입증을 가지고 지하철역 바깥에 잠시 나갔다 오곤 했다. 그런데 어느 날 지하철 매표소 직원 한 사람이 출입증을 느닷없이 압수해버렸다. 이유 없는 괴롭힘이었다.

내가 매표소 직원을 찾아가 "평소 사용하던 것인데 왜 빼앗느냐"며 돌려줄 것을 요청했으나 그는 거절했다. "우리 사장한테 보고해야 하니, 네 이름을 알려달라"고 했으나 그 또한 거절했다. 선배님 가게로 돌아와서 일을 하고 있는데, 30분쯤 지나 느닷없이 경찰 2명이 나타났다. 매표소 직원이 경찰을 데리고 가게 앞에 오더니 손가락으로 나를 가리켰다. 경찰은 내가 매표소 직원에게 "죽이겠다"고 협박했다는 신고를 받고 왔다며 나를 불러내 조사했다. 내가 하지도 않은 말을 만들어내어 경찰까지 부른 심각한 일이었다.

직원인 내가 경찰 조사를 받는 상황이라 선배님도 급히 달려왔다. 조사가 끝난 후 선배님은 말했다.

"이민자가 겪는 서러움이지, 뭐. 크게 마음 쓸 거 없어. 매표소 직원이 좀 이상한 녀석인 것 같아."

그날 밤 선배님은 TTC의 담당자에게 편지를 썼다.

"우리 가게 직원이 지하철역 직원을 죽이겠다고 협박했다며 경찰 2명이 찾아와 조사를 했다. 심각한 사안이다. 지하철역 매표소는 녹음과 녹화를 의무적으로 하게 되어 있으니 증거가 있을 것이다. 협박했다는 증거를 내놓아라. 그것을 내놓지 않으면 무고와 인종차별을 한 것이다. 녹음이든 녹화든 증거를 제시하지 않으면 정식으로 문제 삼겠다. 우리 직원은 한국에서 오랫동안 언론사 기자로 일을 했던 사람이다. 이 사건이 한국에 널리 알려지지 않기를 바란다."

이 편지를 보내고 난 며칠 후 TTC 담당자들이 선배님과 나를 만나자고 했다. 담당자들은 "그 매표소 직원은 그런 식의 문제를 자주 일으키는 말썽쟁이"라고 했다. 경찰도 신고가 들어왔으니 출동했을 뿐 더 이상 문제 삼는 일은 없을 것이라고 했다. 우리가 무고나 인종차별로 신고해서 사건이 커지는 것을 원하지 않는 듯 보였다.

그러면서 사건과는 다른 이야기를 끄집어냈다. "우리가 다시 검토를 해보니 '셰퍼드 & 영' 지하철역 옷가게를 인수해도 될 것 같다." 이 말은 곧 내가 그 가게에 들어갈 수 있도록 건물주로서 허락을 하겠다는 뜻이었다. 그들이 그 시점에 왜 그런 결정을 내렸는지 짐작할 수 있었다. 그러나 굳이 입 밖에 낼 필요는 없었다.

같은 업종에서 일한 경험도 일천하거니와, 캐나다에 온 지 4년도 되지 않는 나 같은 사람이 공공기관이 관리하는 공간에 들어간다는 것은 결코 쉬운 일이 아니었다. 어디를 가든 신용 등급을 조사하고 보증인을 세우라고 하는 판이었다. 나로서는 신용 쌓인 것도 거의 없다시피 했다. TTC는 조건을 하나 내세웠다. 선배님이 보증을 서고, 다음과 같은 내용의 각서를 써서 제출하라고 했다.

"성우제가 이 자리에서 망해서 나가면, 이 자리는 내가 책임지고 떠맡겠다."

이런 각서는 아무한테나 써줄 수 있는 것이 아니다. 이 이야기를 듣고 고마워서 눈물이 났다.

## 내 가게를 꾸미다

내가 사려는 '셰퍼드 & 영' 지하철역 옷가게는 예상했던 것보다 더 한심한 상황이었다. 매상이 거의 없다시피 했으니 매상 체크는 할 것도 없었다. 드나드는 손님과 가게 분위기만으로도 쉽게 알 수 있는 일이었다. 권리금은 매출에 근거해 산정하게 되어 있는데, 이쯤 되면 권리금을 줄 것도 없었다. 전 주인으로서는 '죽어 있는 가게'를 누가 떠맡아주기만 해도 고마워해야 할 상황이었다. 시간이 지날수록 적자가 불어났기 때문이다.

그래도 전 주인은 기본 공사 비용은 받아야 한다고 했다. 원래 창고였던 자리에 바닥을 새로 깔고, 벽을 붙이고, 천장과 쇼윈도, 출입문을 자기가 만들었다고 했다. 하긴 그것은 내가 창고 자리에 들어간다고 해도 들였어야 할 비용이었다.

권리금을 주고 가게를 살 때, 가게 장비는 권리금에 포함되고 팔던 물건들은 따로 돈을 주고 인수를 한다. 나는 그렇게 하지 않겠다는 조건을 내걸었다. 금전출납기 같은 장비뿐만 아니라, 재고도 내가 떠안을 것이 없었다. 나는 가게를 그냥 깨끗하게 비워달라고 했다. 빈 공간을 선배님 가게와 똑같이 꾸밀 생각이었다. 그렇게 따라 하는 것을 선배님도 흔쾌히 수락했다.

예전에 선배님 가게를 디자인하고 공사한 회사와 접촉했다.

그 회사는 우리 같은 규모의 작은 가게는 더 이상 맡지 않는다고 했다. 수소문해 찾아낸 다른 회사들도 가게 자리에 와보고는 같은 이유로 거절을 했다. 공간이 너무 작고(250스퀘어피트·약 7평) 기초 공사가 이미 끝나 있어서 "돈이 안 된다"고 했다. 페인트를 칠하고, 조명을 달고, 벽에 옷을 거는 진열대도 만들어야 하고, 거울도 달아야 하고, 피팅룸, 액세서리 진열장, 수납장도 새로 만들어야 했다. 이런 일만 맡아줄 사람을 찾기가 어려웠다. 난감했다.

그즈음 한국 식당을 운영하는 어느 선배를 우연히 만났다. 오랫동안 자영업에 종사해서 이리저리 발이 넓은 선배였다. 그는 '미스터 박'한테 연락을 해보라고 했다. 자기 일을 맡아서 해준 친한 후배인데, 믿고 맡길 만하다고 했다.

나는 미스터 박을 만나 내 생각을 이야기했다. 전체적으로는 선배님 가게처럼 만들되, 세세한 것들은 내가 보여주는 사진처럼 해달라고 했다. 그 사진들은 내가 토론토 쇼핑몰의 옷가게들을 일주일 정도 돌아다니며 몰래 찍어온 것들이었다. 특히 조명에 신경을 많이 써달라고 주문했다. 지하철역에서 눈길을 끄는 가장 효과적인 방법은 가게를 환하게 만드는 것이었다. 페인트도 흰색으로 칠했다.

애초에 선배님을 만난 것부터가 내게는 큰 행운이었지만, 가게를 준비하는 과정에서도 행운이 계속 이어지는 것 같았다.

모든 것이 척척 맞아 돌아간다는 느낌이 들었다. 미스터 박은 내가 원하는 대로 일을 잘 해냈다.

가게를 꾸미는 과정에서 작은 고민들이 몇 가지 생겨났다. 전기 시설 때문에 가게의 벽 한쪽에 툭 튀어나온 부분, 창고 출입문 같은 것들은 안 그래도 작은 공간을 더 작게 만들었다. 해결할 방법이 없었다. 어느 도매회사에 가서 이런 고민을 얘기했더니, 뜻밖에도 그곳 매니저가 해결책을 제시했다. 툭 튀어나온 벽과 창고 출입문에 옷을 진열할 수 있는 나무 벽을 붙이라고 했다. 도처에 도와주는 사람이 있었다. 문제가 생기면 이런 식으로 바로바로 해결되었다.

가게 중앙에 놓이는 진열대 탁자와 거울도 그 회사에서 구할 수 있었다. 우리 가게에 가져왔더니 맞춤 주문을 한 것인 양 딱 들어맞았다. 모든 일들이 이런 식으로 잘 맞아 돌아가는 것이 신기할 정도였다. 일이 잘되어가는구나 하는 생각이 들었다.

도매회사에서 떼온 물건을 가게로 옮기는 것도 보통 일이 아니었다. 물건이 가득 든 가비지백들을 들고 계단을 통해 지하철역으로 내려가야 했다. 그러나 우리 가게는 이 대목에서도 행운이 따랐다. 큰 도로에서 우리 가게 앞으로 바로 연결되는 엘리베이터가 있었다. 엘리베이터를 이용하면 힘들 것이 별로 없었다.

가게 이름을 정하는 것은 재미있는 경험이었다. 사모님의 이름(Chantelle)과 같은 선배님네 가게처럼 우리도 여성의 영어 이름을 간판에 사용하고 싶었다. 가게 문을 열 당시, 한국에서부터 잘 알고 지냈던 회사 후배 김상현 씨네가 이웃에 살고 있었다. 가까이 있으니 자주 만났고 가게와 관련한 상의도 많이 했다. 가게 이름도 함께 찾았다. 내가 기자 시절 자주 갔던 뉴욕 미술 거리 '첼시'를 떠올리자 상현 씨가 좋다고 했다. 그리고는 가게 이름에 NY를 넣자고 했다. 정하고 보니 독특하고 좋았다. 간판 글씨체도 김상현 씨와 함께 찾았다. 좋은 글씨체가 눈에 띄어 돈을 주고 구입했다. 그 글씨체로 빨간 바탕에 흰색으로 'Chelsea NY'를 써넣으니 보기에 정말 좋았다. 간판 안에 전등을 넣어 눈에 확 띄게 만들었다. 가게 앞을 지나다니는 모든 사람들의 눈길을 잡아끌고 싶었다. 나아가 선배님이 그랬던 것처럼 지하철역을 환하게 만들고 싶었다.

## 장사 걱정을 하지 않았다

가게를 인수하는 모든 절차는 간단하게 끝이 났다. 임대차 계약서에서 내가 바꾼 것은 가게 영업시간뿐이었다. 평일은 오전 7시~오후 8시, 토요일은 오전 10시~오후 6시였고, 일요일은 문을 닫았다. 이전 가게는 일요일에도 문을 여는 것으로 되

옷가게 Chelsea NY. 20년이 지나도록 별로 바뀐 것이 없다. 가게 겉모습은 거의 그대로지만 마네킹의 옷은 하루 두 번 이상씩 바뀐다. 신상품 또한 매일 들어온다. 마네킹 옷을 자주 갈아입히는 것만큼이나 효과적인 디스플레이(또는 리노베이션)는 없다.

어 있었으나 일주일에 하루는 쉬어야 했다. 물론 법정 공휴일에도 문을 닫았다.

내 가게를 인수한 날짜는 2006년 4월 1일이었다. 4월 1일부터 가게 공사를 시작해, 세번째 월요일인 4월 24일에 가게 문을 열기로 했다. 공사가 끝난 뒤 사흘 정도에 걸쳐 도매회사에서 가져온 물건을 가게 빈 공간에 채워 넣었다. 어떤 물건을 가져와야 할지 고민했으나 선배님 사모님은 "잘 팔리는 물건들을 알려줄 테니 걱정하지 마세요"라고 했다.

선배님 가게에서 일을 하면서 이미 안면을 텄던 도매회사들은 내가 가게를 시작한다고 하자 모두 축하해주었다. 선배님 소개를 받지 않고 나 혼자 갔더라면 문턱 넘기도 쉽지 않았을 회사들이었다. 나는 선배님의 가족 대접을 받으며 물건을 선배님과 똑같은 조건으로 구매했다. 구매 규모가 크고 신용이 좋은 선배님은 누구보다 좋은 조건으로 물건을 받는 터였다.

문을 열기 직전, 선배님이 공사를 마무리한 가게에 와 보고는 '엑설런트'라고 평가했다. 가게 문을 열기 전날인 4월 23일 저녁, 선배님 부부와 김웅하 선배님 내외, 그리고 다른 어른 몇 분이 우리 가게를 방문해 성공을 기원하는 기도 모임을 열어주셨다. 원래는 성당 신부님이나 교회 목사님을 모시지만, 우리 가게에서는 선배님들이 그 역할을 대신해주셨다.

김종성 선배님은 넥타이를 맨 깔끔한 정장 차림이었다. 그 모습 하나만으로도 선배님의 마음을 확인할 수 있었다. 기도 모임이 끝나고 참석한 분들에게 내가 저녁 식사를 대접하려 했으나 선배님은 "내가 하고 싶다"며 굳이 말렸다. '고맙다' '감사하다'는 말로도 부족했다. 나로서는 표현을 찾을 길이 없었다.

가게를 새로 여는 사람들은 '과연 장사가 잘될까' 하는 걱정을 당연히 하게 되어 있다. 그러나 나는 준비를 하면서 그런 걱정을 하지 않았다. 지하철역 안에서 선배님 가게와 비슷하게 만들고, 가게가 돌아가게 하는 시스템, 다시 말해 가격 정하기, 물건 진열 등 가게 운영에 필요한 모든 노하우를 가져왔으니 선배님 가게의 브랜치라고 해도 무방했다. 물건도 똑같고, 그것도 이미 '검증'된 것들이었다. 아무런 걱정이 되지 않았다.

권리금을 주고 가게(식당)를 시작할 때도 긴장을 해서 개업 전날 밤잠을 이루지 못했었다. 그러나 거의 '셋업'하다시피 한 옷가게의 문을 열기 전날에는 별로 긴장되지 않았다. 잘되는 가게 시스템은 비슷한 자리에 갖다놓으면 아무런 문제없이 잘 돌아가게 되어 있다. 나는 그렇게 확신했다.


## 가게 문을 열고 내 집을 마련하다

2006년 4월 24일 월요일 아침이었다. 날씨는 화창했다. 아내는 선배님 가게에서 일할 때와 마찬가지로 오전 6시 30분에 집을 나섰다. 오전 7시, 아내는 우리 옷가게 문을 처음으로 열었다. 아이들을 등교시키느라 집에 있던 나는 9시쯤 가게로 전화를 걸었다.

"어때? 손님 좀 있어?"

"분위기 괜찮아."

손님이 있었던지 아내는 한마디만 하고 전화를 바로 끊었다. 오후가 되어 내가 가게에 들어가자 그야말로 '대박'이었다. 손님들은 마치 가게 문이 열리기를 기다리기라도 한 듯 끊이지 않고 가게에 들어왔다. 장사가 안 될 것이라고는 생각하지 않았으나 이렇게 많은 손님이 올 줄은 몰랐다.

캐나다에 살러 온 지 꼭 4년 만이었다. 나는 마치 대학을 졸업하고 좋은 직장에 취직한 느낌이 들었다. 우리가 새로 만들다시피 한 가게지만 새로운 가게가 전혀 낯설지 않았다. 선배님 가게에서 1년 3개월이나 훈련을 받았던데다, 가게 분위기도 손님도 선배님 가게와 비슷했다.

가게에서 일할 직원도 따로 뽑아 훈련시키고 낮에는 직원에게 가게를 맡겼다. 그 시간에는 아내와 내가 물건을 하러 도매 회사들을 돌아다녔다. 오후 3시 30분에 나는 아이를 하교시키러 학교에 갔고, 아내는 다시 가게에 들어가서 물건을 정리하고 손님을 맞았다. 6시에 내가 가게에 들어가서 아내와 교대했다. 내가 8시에 마감을 했다.

이후, 초기만큼은 아니지만 가게 매출은 꾸준했다. 당시 우리가 세 들어 살던 타운하우스는 가게에서 자동차로 5분 거리에 있었다. 이민을 오자마자 집을 사는 이들도 많았으나 우리는 가게 문을 열 때까지 미뤄두고 있었다. 이민 초기에 "가게는 집에서 무조건 가까워야 한다. 그것은 사람 하나 덜 쓰는 것과 마찬가지"라는 이야기를 숱하게 들었다.

게다가 한국에서 가져온 돈은 주택 자금이 아니라 가게를 얻기 위한 자금이었다. 비싼 권리금(한국 돈으로 2억에서 4억 원은 주어야 괜찮은 가게를 얻을 수 있었다. 편의점·샌드위치점·세탁소 등 종류 불문하고 그랬다)을 들여야 할 일이 생길지도 모르고, 가게를 어느 지역에서 할지도 모르니 집부터 살 수는 없었다.

정말 운이 좋게도 나는 내 가게를 얻는 데 큰돈을 들일 필요가 없었다. 권리금이라고는 기초 공사 비용이 전부였다. 미스터 박에게 부탁해서 공간을 꾸미는 데 들이는 비용이 거기에 추가되었을 뿐이다.

매달 수입이 일정하게 들어왔다. 생활은 바로 안정되었다. 무엇보다 좋았던 것은 가게의 지속 가능성이었다. 식당만큼 힘이 들어가는 비즈니스가 아니었다. 아이들도 돌보면서, 휴가도 가고 미국 누나네로 놀러도 갈 수 있는 여유가 처음으로 생겨났다.

가게에서 10분 거리에 있는 동네에 우리가 들어가 살 만한 적당한 집이 매물로 나왔다. 큰돈 들이지 않고 가게를 시작한 덕분에 주택 구입 자금이 남아 있었다. 주택 담보 대출(Mortgage)을 얻어 캐나다에서 처음으로 우리 집을 마련했다. 서울에서 아파트를 팔고 온 지 4년, 우리 가게를 시작한 지 4개월 만에 우리 집으로 들어갔다.

## 가게가 안정되자 바로 '부캐' 활동

우리 가게는 2006년 4월 문을 열자마자 본궤도에 바로 올랐다. 가게들이 새로 문을 열면 손님과의 적응 기간이 있게 마련인데, 우리 가게는 그런 것도 필요 없었다. 그런 면에서도 선배님 가게 덕을 많이 보았다. 같은 물건, 같은 시스템, 같은 분위기의 가게여서 누가 봐도 선배님 가게의 브랜치라고 여길 법했다. 실제로 손님들이 물어보면 우리 가게에서나, 선배님 가게에서나 양쪽 주인이 '패밀리'라고 이야기했다. 우리 가게는 한국식으로 말하자면 '신장개업빨'을 제대로 받았고 그 이후에도 매상이 꾸준하게 지속되었다. 나로서는 정말 감사한 일이었다.

초창기에 우리 가게에서 일하는 사람은 모두 4명이었다. 아침 7시에 아내가 가게 문을 열고 9시 30분에 직원이 나와 교대를 했다. 나는 아이들을 등교시킨 후 9시 30분부터 아내와 함께 도매회사들을 돌아다녔다. 아내는 3시 30분에 가게에 다시 들어가 직원과 교대했고, 그 시간에 학생 한 명이 파트타이머로 나와 7시까지 일을 했다. 나는 3시 30분에 아이들을 학교에서 데려온 뒤 6시에 가게에 나가 아내와 교대하고 8시에 가게 문을 닫았다. 가게가 안정을 찾게 되면서 오후에 일하는 파트타이머를 쓸 필요가 없었다. 아내나 나나 일에 익숙해졌기 때문이다.

선배님 가게는 늘 손님이 많아서 여러 사람이 함께 일을 해야 했지만, 우리 가게는 우리 부부든 직원이든 1명으로도 감당할 만했다. 직원으로는 중년 여성이 적합했다. 그동안의 경험으로 보자면, 중년 여성들이 책임감을 가지고 일을 가장 잘했다. 선배님 가게도 그랬지만 우리 가게에서도 한번 인연을 맺으면 오랫동안 함께 일을 했다.

가게가 잘 굴러가자 우리 가족의 캐나다살이는 바로 안정을 찾았다. 안정의 가장 큰 토대는 역시 밥벌이 문제 해결이었다. 캐나다살이를 위해 한국에서부터 준비했던 것도 '먹고사는 것'과 관련되었고, 캐나다에 오자마자 줄곧 찾았던 것 또한 돈을 벌 수 있는 직업이었다. 모든 사람에게 마찬가지겠지만 특히 외국 땅에 이민을 온 우리에게는 밥벌이 문제 해결보다 더 좋은 일은 없었다.

나로서도 다른 계획을 세울 수가 있었다. 일하는 틈틈이 글을 써서 한국 매체에 보냈고, 책을 여러 권 펴낼 수도 있었다. 먹고살 만큼 장사가 되어, 내가 하고 싶은 일을 병행할 수 있다는 것은 퍽 고마운 일이었다. 나에게 청탁을 해주는 한국의 여러 언론 매체들도 고마웠다. 요즘 말로 하자면 내 '본캐'는 장사꾼이고 '부캐'는 한국 매체에 기고하거나 책을 쓰는 사람이었다. 옷가게를 시작한 이후에는 거의 끊이지 않고 글을 써 보냈다.

어떨 때는 뉴욕과 한국으로 출장 취재를 가기도 했다. 2007년 9월 시사주간지 『시사IN』 창간호에 실린 '신정아 단독 인터뷰'는 내가 뉴욕으로 가서 했었다. 당시 한국의 모든 매체가 만나기를 원했으나 누구도 만나지 못했던 한국 뉴스의 뜨거운 중심인물을, 나 혼자 만나 인터뷰하고 기사를 작성해 보냈다. 내 '인생 특종'이었다. 한동안 짜릿하고 구름 위를 붕붕 나는 기분을 맛보았다.

내 나름 의미 있다고 여기는 기획을 하기도 했다. 과거 문화부 기자로 일할 때 미술 기사를 많이 쓰고 뉴욕 출장도 미술과 관련된 취재가 많았다. 2000년대 들어 세계 미술의 중심지인 뉴욕에는 젊은 한국인 작가들이 대거 진출해 스타로 발돋움하고 있었다. 나는 그들을 만나 한국의 『월간미술』에 1년 넘게 연재했다. 화가들에게도, 매체에도 좋은 일이라고 생각했다.

말하자면 나로서는 일종의 '정신적 허기'를 '부캐' 활동을 하면서 채울 수 있었다. 이 모든 것이 우리 가게가 안정적으로 유지되고 있어서 가능한 일이었다. 물론 내가 부캐 활동을 하러 가게를 떠나 있는 동안 아내가 애를 많이 써주었다.

## 하루에 두 번 이상 마네킹 옷을 갈아입힌다

우리 가게는 아침저녁으로 쇼윈도 마네킹 옷을 갈아입힌다. 하루 최소 두 번 이상이다. 디스플레이가 손님을 끄는 중요한 요소라고 하는데, 지하철 승객을 대상으로 하는 우리 가게로 말하자면 마네킹 옷을 하루 두 번, 세 번 갈아입히는 것만큼 효과적인 디스플레이는 없다. 출근길 옷과 퇴근길 옷이 매번 다르면, 손님 눈에는 가게가 늘 새로워 보인다. 새로운 물건이 매일같이 들어오니 가능한 일이다. 옷가게가 갖는 최상의 이미지는 손님들로 하여금 "저 가게에 가면 항상 '뉴'를 볼 수 있다"고 생각하게 하는 것이다.

우리 가게 물건 가격은 선배님 가게와 정확하게 맞추었다. 한 가지 품목이라도 싸다면 절대 안 될 일이었다. 해당 물건 하나가 문제가 아니다. 그것 하나 때문에 선배님 가게가 '비싸다'는 인상을 줄 수도 있었다. 그것은 선배님 가게에 피해를 끼치는 일이었다. 물론 선배님 가게도 우리 가게에 각별하게 신경을 써주었다.

선배님 가게와 우리 가게를 오가며 "이 옷은 저쪽 가게에서 싸게 판다" "저쪽 가게에서는 물건값을 깎아준다" 같은 말을 하는 사람들이 있었다. 양쪽 직원들은 들은 척도 하지 않았다. 어쩌다 실수로 가격이 다른 경우도 생겼지만 서로 전화를 해서 즉시 바로잡았다. 그러나 그런 일은 거의 일어나지 않았다.

가게 안에서 나는 선배님 가게에서 하던 그대로 했다. 특히 손님이 없을 적에 어떻게 해야 하는가가 중요했다. 선배님은 종목 불문하고, 가게에서 주인이 앉아서 스마트폰이나 들여다보고 있는 것을 가장 경계했다. 손님이 들어와도 인사를 하기는커녕 들어오거나 말거나 자기 일에 몰두해 있으면 그 가게는 망해도 이상할 것이 없다.

손님이 없으면 없는 대로, 나는 할 일이 많았다. 할 일은 찾으면 반드시 있었다. 이를테면, 가게 쇼윈도 유리를 닦아도 되고, 가방에 묻은 먼지를 털어내도 될 일이었다.


## 손님이라고 모두 왕은 아니다

우리 같은 소매점에서 가장 어렵고 힘든 일을 꼽으라면 매장에서 손님을 대하는 일이다. 편의점이나 식당, 세탁소 같은 곳과는 달리 옷가게에 들어오는 손님 대다수는 구경만 하는 사람들이다. 물건을 사지 않는다고 해서 그들을 허투루 대하지는 않는다. 오늘은 구경만 하고 다음에 와서 물건을 사는 경우가 당연히 많았다.

가게에 들어오는 모든 사람들에게 눈을 맞추고 웃는 얼굴로 "하이" "헬로" "하우 아 유" 같은 인사를 하는 것은 가장 기본적인 일에 속한다. 가게 손님들은 하나같이 고마운 사람들이다. 그 고마운 사람들을 대하는 것이 어렵고 힘들다는 얘기가 아니다. 문제는 좋은 손님들 사이에 가끔씩 끼어 있는 말썽쟁이들이다. 손님이 말썽을 부려서, 급기야 언성을 높이는 일까지 벌어지면 그 스트레스가 몇 시간이고 지속된다. 그런 기분이 오래가면 좋은 손님들을 맞는 데도 지장이 생길 수밖에 없다.

감정 소모를 최소화하는 방법은 말썽쟁이들을 가게에서 가능한 한 빨리 나가게 하는 것이다. 그들이 일으키는 말썽은 주로 이런 것들이다.

첫번째는, 흥정 문제이다. 선배님 가게를 따라 우리 가게도 줄곧 정가제를 고수했다. '딜(흥정)'을 하지 않는 대신 가격이 다른 곳에 비해 20퍼센트 정도는 낮다. 손님 대다수는 그런 사실을 알지만 일부는 가격이 싸든 말든 개의치 않는다. 물건이 싸면 더 싸게 달라고 떼를 쓰는 사람들이 있다.

그들도 쇼핑몰의 대형 옷가게에 가서는 가격에 대해 아무런 말을 하지 않는다. 그런데 이상하게도 우리 가게 같은 작은 곳에 와서는 "깎아달라"고 집요하게 졸라댄다. 한두 번 그러는 것이야 이해할 만하지만 같은 말을 열 번, 스무 번 하면 정말 견디기가 어렵다. 손님 중에 이민자들이 많다 보니, 물건을 사는 태도도 각양각색이다. '흥정은 반드시 해야 하고, 흥정하지 않으면 속아서 사는 것'이라고 여기는 문화가 어느 나라에는 있는 모양이다. 그들이 졸라대기 시작하면 어느 시점에서 냉정하게 자를 수밖에 없다.

"마음에 들면 사고, 그렇지 않으면 그냥 두고 나가세요."

이런 일은 빨리 결정할수록 좋다. 그렇게 잘라야 다른 손님들에게 집중할 수 있다. "장사 그렇게 하면 망한다"고 충고하는 사람들이 있다. 그러나 말썽쟁이 손님들에게는 단호하게 대하는 게 옳은 것 같다.

두번째는 반품 문제. 모든 가게에는 '반품 규정(Return Policy)'이라는 것이 있다. 구체적인 내용은 업종과 가게 규모에 따라 다르다. 대형 가게들은 반품 기간도 길게 주고 환불도 해준다. 비즈니스 규모가 크면 납품업체에 되넘기는 등 반품 부담을 없애는 여러 가지 방법이 있게 마련이다.

우리 같은 소매점들이 그런 식으로 했다가는 감당할 수가 없다. 철 지난 옷을 도매회사에 되넘기는 것은 불가능하다. 작은 가게들은 대체로 환불 대신 교환을 해준다. 우리 가게의 규정은 'Final Sale' 도장이 찍히지 않은 이상 '7일 이내 교환'해주는 것이다. 교환 조건은 물건을 사용하지 않아야 하고, 상품에 가격표가 붙어 있어야 하고, 영수증이 있어야 한다. 옷을 입어보지 않고 구입하는 손님 대다수는 "이 가게 반품 규정이 어떻게 되느냐?"고 미리 물어본다.

문제는 해당 가게의 반품 규정에 아랑곳하지 않는 사람들이다. "다른 곳에서는 환불해주는데, 이 가게는 왜 안 해주느냐?"라고 하는가 하면 "오전에 직원이 환불해준다고 가져오라고 했다"고 거짓말하는 사람도 있다. 그래도 이 정도면 양반이다.

계절이 바뀐 뒤 몇 달 만에 가져온다거나, 가격표를 떼고 몇 번을 입고 난 다음에 가져오거나, 옷에 루즈 같은 이물질을 잔뜩 묻혀 오거나 하는 경우도 있다. 부러진 목걸이를 들고 와서는 "구입할 때 이랬다"고 강변하는 사람도 있었다. "부러진 목걸이를 왜 샀느냐?"고 물어도 막무가내다.

"환불은 안 된다" "이 상품은 바꿔줄 수가 없다"고 하면 언성이 높아지기 시작한다. 작은 가게에 버티고 서서 환불해달라고 1시간 이상 떼를 쓰는 사람도 있었다. 가게 영업이 지장을 받을 정도에 이르면 경찰을 부를 수밖에 없다. 경찰은 해당 가게의 반품 규정이 눈에 잘 띄게 붙어 있는지부터 확인한다. 그리고 그 규정에 따라 일을 처리한다.

그래도 융통성이 없는 것은 아니다. 영수증이 없어도, 7일이 조금 넘어도 물건 상태만 그대로라면 교환을 해준다. 작은 가게니까 가능한 일이다.

재미있는 것은 뻔한 거짓말을 천연덕스럽게 하는 사람들이 적지 않다는 사실이다. 흥정과 마찬가지로, 거짓말에 대해서도 나와 다르게 생각하는 문화가 있는 것이 아닌가 생각할 정도이다. "나는 단골인데 왜 안 깎아주느냐?"고 말하는 사람 중에 단골은 없다.

'손님은 왕'이라고 하면서 나 같은 장사꾼들은 "손님들에게 무조건 친절해야 한다"고 주장하는 사람들을 가끔 본다. 그러나 소매상 처지에서 보자면 손님이라고 모두 왕은 아니다. 손님이 손님다워야 왕 대접을 받을 수 있다.

## 못 알아듣는 척 눈만 끔뻑끔뻑……
## 도둑 잡기

손님과 소리 높여 말싸움을 하는 것은 가게 초창기 때나 벌어졌던 일이다. 요즘은 손님과 갈등이 생긴다 해도 웬만하면 다 들어주는 편이다. 도저히 들어줄 수 없는 경우에는 "노"라고 한마디만 하고 더 이상 말하지 않는다. 이때 사용하는 또 한 가지

우리 가게에서 바라본 토론토 '셰퍼드 & 영' 지하철역. 지하철을 이용하는 승객들이 우리 가게 손님들이다.

방법이 있다. 상대방이 무슨 말을 하든 눈만 끔뻑끔뻑하면서 대꾸하지 않는다. 못 알아듣는 척하는 것이다. 영어가 모국어가 아닌 사람들이 모여 사는 이민 사회에서나 가능한 일이다.

말썽쟁이가 계속 고집을 피우고 있을 때 단골을 활용하는 방법도 있다. 말썽쟁이는 누가 봐도 말썽쟁이이다. 가게에 있는 다른 손님들도 말썽쟁이는 금방 알아본다. 말썽쟁이가 나가고 나면 위로를 해주는 손님도 있다. 말썽쟁이가 문제를 만들고 있을 때 단골손님이 그 자리에 있다면, 단골의 이름을 큰 소리로 부르면서 과하게 친한 척을 한다. 단골도 눈치를 채고 호응한다. 그런 분위기가 조성되면 말썽쟁이들은 대체로 '뻘쭘'해져서 기가 꺾인다. 나는 이 방법을 선배님 사모님한테서 배웠다. 의외로 잘 통한다.

선배님 가게에서 일을 할 때 필리핀 직원들이 몇 명 있었다. 그들은 어떤 경우에도 손님과 언쟁하지 않았다. 이유를 물어보았다. "그것은 내 일이 아니고 비즈니스일 뿐인데, 내가 왜 내 감정을 소모해가며 싸우느냐"라고 답했다.

같은 직원 신분인데도 한국 사람은 달랐다. 내 일과 비즈니스를 구분하지 못해서가 아니다. 한국 사람은 대체로 자존심이 강해서 그렇다. 필리핀 직원들의 말이 맞기는 하지만 한국 사람들의 행동도 틀린 것은 아니다. 한국 사람들은 대체로 조금 피곤하게 사는 스타일이다. 내가 보기에 그렇다는 얘기다.

가끔가다 가게에서 도둑을 잡는 경우도 있었다. 피팅룸에 옷을 몇 개 가지고 들어가서 그중 하나를 자기 옷 안에 껴입고 나가는 사례도 있었고, 다른 손님들이 계산하는 틈을 타서 옷이나 가방을 슬며시 들고 나간 적도 있었다. 도둑은 일반 손님과는 달리 뭔가 수상해 보이는 구석이 있다. 두 사람이 들어와 한 사람이 나에게 계속 사소한 질문을 하면서 주의를 돌리는 사이에 다른 한 사람이 커다란 쇼핑백에 옷을 여러 개 집어넣기도 했다. 옷을 껴입든 쇼핑백에 집어넣든 가게 출입문을 나가기 전까지는 아는 척해서는 안 된다. "계산하려고 하는데, 왜 나를 도둑 취급하느냐"고 항변할 수 있기 때문이다. 만에 하나 그 말이 사실일 가능성도 있다.

도둑은 가게 출입문을 넘어가야 붙잡을 수 있다. 그때도 "너 물건 훔쳤지?" 대신 "너, 돈 내는 거 잊었구나?"라고 말을 한다. 그렇게 불러 세우면 순순히 가게로 들어와 물건을 두고 나간다. 도둑질하다가 붙잡혔는데도 부끄러워하는 사람을 보지 못했다. 부끄러워하는 감정이 없으니 저러지 싶었다.

한번은 손님이 급히 가게로 들어와서, 어떤 사람이 방금 바깥 옷걸이에서 드레스를 여러 개 훔쳐갔다고 전해준 적이 있었다(도둑질하는 모습을 보면 대체로 손님들이 이런 식으로 알려준다). 지상으로 올라가는 엘리베이터로 쫓아갔더니, 도둑은 엘리베이터 버튼을 열심히 누르고 있었다. 다짜고짜 옷을 내놓으라고 했다. 도둑은 대수로운 일이 아니라는 표정으로 가방에서 옷 세 벌을 꺼내주었다. 나에게 도둑을 알려준 손님은 옷을 들고 온 나를 보고 "두 벌 더 있다"고 말했다. 훔치는 모습을 유심히 지켜보았던 모양이다. 엘리베이터를 타고 쫓아 올라가서, 버스를 타려는 도둑을 붙잡았다. 나머지 두 벌도 꺼내주었다. 도둑은 창피해하지 않았다. 버스를 타지 못하게 했다고 오히려 내게 화를 냈다. 적반하장을 제대로 경험했다.

이 밖에도 자잘한 일들은 수시로 일어난다. 한번은 가게 출입문의 열쇠를 부수고 도둑이 든 적이 있었다. 팬데믹 기간이라 오가는 사람이 많지 않았던데다, 사람 왕래가 없는 토요일 새벽에 자물쇠를 부수고 들어왔다. 다행히 금전등록기에 있는 돈만 털어가고 물건에는 손을 대지 않았다. 경찰이 와서 조사했지만 이후 연락받은 것은 없다. 도둑이 가게 문을 열고 들어온 것은 그때가 처음이었다.

가게에서 일을 하면서 곤혹스러울 때가 있다. 홈리스와 '약에 취한 사람'들이 가게에 들어올 때이다. 홈리스가 들어오면 손님들은 슬금슬금 나가버린다. 참기 힘든 악취를 풍기기 때문이다. 약에 취한 사람들은 대체로 행동이 과격하다. 힘들지만 나가기만을 기다리는 수밖에 없다. 경찰이 와도 그저 지켜만 본다. 물리력을 행사했다가는 고소를 당할 수도 있다.

얼마 전에는 홈리스 한 명이 들어와 물건을 보여달라고 하더니 내 손에서 빼앗아 나가버렸다. 그냥 두었다가는 앞으로도 계속 그럴까 봐 "돈 내라"고 일부러 큰소리를 치며 쫓아가서 물건을 빼앗아 왔다. 지하철역 직원이 경찰에 신고를 했다. 홈리스가 사라지고 한참 지난 후에야 경찰이 왔다.

말썽쟁이도 있고 크고 작은 문제를 일으키는 사람들도 있지만 우리 손님들은 대체로 참 순하고 좋은 사람들이다. 지하철 승객이 주고객이다 보니 손님 중에는 아무래도 육체노동자들이 많은 편이다. 물건을 주고 돈을 받을 때 손님과 손끝이 살짝 스치는 경우가 있다. 거칠고 딱딱하다. 그런 손님들이, 따로 시간을 내어 멀리 찾아가지 않고도 값싸고 품질 좋은 물건을 편하게 구입할 수 있도록 하는 것이 우리 가게가 가진 목표라면 목표이다.

## 가게에 닥친 어려움……
## 공사, 공사, 공사

가게 안에서 말썽쟁이, 홈리스 같은 사람들이 만드는 문제들이야 금방 어찌저찌 제어할 수도 있다지만, 내가 아무리 애를 써도 해결할 수 없는 큰 문제도 있게 마련이다. 바로 우리 가게 주변의 환경 변화이다. 쇼핑 문화나 가게를 둘러싸고 벌어지는 물리적인 환경 변화는 꼼짝없이 감수할 수밖에 없다. 그런 것들이 비즈니스에 도움이 되는 경우는 없었다. 늘 장사를 어렵게 했다. 변화에 적극 대처하지 못해서 그럴 수도 있겠지만, 아무리 애를 써도 해결할 수 없는 불가항력의 일도 있다.

우리 가게가 문을 열었던 2006년만 해도 온라인 쇼핑이 요즘처럼 위세를 떨치는 시기는 아니었다. 이후 온라인 쇼핑 문화가 널리 퍼지면서 우리 가게에도 서서히 변화가 생겨났다. 변화는 오랜 시간이 지나야 감지될 만큼 장기간에 걸쳐 진행되었다.

먼저, 시간이 지날수록 젊은 층 손님이 줄어들었다. 아무래도 새로운 쇼핑 문화에 민감하게 반응하고 금세 익숙해지는 세대여서 그럴 것이다. 온라인 쇼핑 문화의 확산은 우리가 거래하던 도매상에도 크게 영향을 끼쳤다. 젊은 층이 선호하는 스타일의 옷을 공급하던 도매회사들이 하나둘 자취를 감추었다. 물론 기존 도매상들이 온라인 쇼핑이라는 새로운 유통 문화를 따라가지 못해서 그럴 수도 있고, 그들의 감각이 '올드'해져서 그랬을 수도 있다. 주로 미국 로스앤젤레스에서 물건을 들여오던 그런 도매회사들을 대체할 곳은 나타나지 않았다. 그들이 사라지고 난 다음 우리로서는 젊은 층이 좋아할 만한 옷들을 구하기가 어려웠다. 그렇다고 우리 가게가 온라인 쪽으로 눈을 돌리기에는 '리스크'가 있었고, 여력 또한 없었다.

우리가 겪은 또 다른 큰 어려움은 가게 주변의 물리적인 환경 변화였다. 우리 가게는 토론토에서 다운타운 다음으로 번잡한 노스욕 지역의 한가운데에 있다. 우리 가게가 문을 열 무렵에는 고층 빌딩들이 여럿 있기는 해도 6차선 교차로의 2개 코너가 탁 트인 대형 주차장으로 쓰일 정도로 주변 환경이 여유로웠다. 2010년께 들어 바로 그 땅에 초고층 빌딩이 올라가기 시작했다.

큰 빌딩들이 가게 주변에 새로 들어섰다고 해서 좋아할 일은 아니었다. 우선 3년 넘게 진행된 공사 때문에 가게 주변은 먼지와 소음, 교통 체증으로 늘 어수선했다. 그런 혼잡스러움은 장사를 하는 데 당연히 도움이 되지 않는다. 건물이 완공된 다음에는 피해가 더 컸다. 새로 올린 빌딩 지하로 바로 통하는 지하철역 출입구가 새로 생기는 바람에 우리 가게 앞을 지나가던 승객 가운데 3분의 1가량이 그쪽으로 빠져나갔다. 심각한 문제였다. 매출이 떨어져도 우리로서는 어떻게 할 방법이 없었다. 그즈음 어느 지하철역 출입구가 다른 곳으로 바뀌는 바람에 피자 가게가 몇 달 만에 문을 닫았다는 이야기도 들려왔다. 거기에 비하면 우리 가게는 그나마 다행이었다.

대형 빌딩들이 거의 완공될 무렵, 이번에는 우리 가게와 붙어 있는 쇼핑몰이 리노베이션 공사에 들어갔다. 그곳에 입주해 있던 작은 가게들을 모두 내보내고 내부를 완전히 뜯어고치는 대형 공사였다. 우리 가게 앞을 지나는 승객들 대부분이 그 쇼핑몰로 들어가게 되어 있는데(쇼핑몰을 통해서 바깥으로 나갈 수 있었다), 가게들이 문을 닫으면서 쇼핑몰은 오랫동안 어두컴컴한 상태로 방치되어 있었다. 쇼핑몰을 일부러 찾아오는 손님들이 우리 가게에도 들르곤 했는데, 그런 손님들이 한동안 오지 않았다. 쇼핑몰 공사가 마무리되는 데 5년쯤 걸렸다.

쇼핑몰이 단장을 끝내자마자 이번에는 우리 가게 바로 옆에 있는 지하철역 매표소가 공사에 들어갔다. 서울 지하철처럼 토론토 지하철이 카드 결제 시스템을 도입(실제로 토론토 지하철이 서울 지하철을 벤치마킹했다고 들었다)하면서부터 매표소는 불필요한 공간이 되어버렸다. 그 공간을 모니터룸으로 만드는 데 4년 이상이 걸렸다(팬데믹 기간 포함). 공사를 하는 동안 소음과 먼지가 이만저만이 아니었다. 물건에 먼지가 늘 쌓였고, 무엇을 갈아대는 소음 때문에 일을 하기가 어려울 정도였다. 현장 책임자에게 "너무 괴롭다. 공사를 빨리 끝내달라"고 하소연하는 것 외에는 달리 방법이 없었다. 공사 공간의 나무 가림막이 앞으로 툭 불거져 나와 우리 가게의 거의 절반을 가려버리기도 했다. 이 또한 고스란히 감수해야 했다.

지난 20년을 돌아보면 가게 주변에서 공사가 없었던 적이 거의 없었다. 가게를 시작하고 몇 년 동안만 평화로웠을 뿐이다. 지금도 지하철역과 연결되는 버스 정류장이 2년째 공사 중이어서 많은 승객들의 동선이 바뀌었다. 이런 부분에서 캐나다 문화는 늘 느려서, 이 공사가 언제 끝날지 모른다.

## 가게 비우라는 통보를 받다

우리 가게를 열고 장사를 해오면서 각별하게 신경 쓴 것 가운데 하나는 건물주와 우호적인 관계를 유지하는 것이었다. 가게를 아무리 잘 운영한다고 해도 재계약을 할 때 건물주가 딴소리를 하는 경우가 있기 때문이다. 계약 기간에 임차인이 특별히 잘못한 것이 없는 한 일반적으로 재계약은 자연스럽게 이루어진다. 그래도 임차인들은 재계약할 때 제시되는 새로운 조건과 재계약 여부에 신경을 곤두세울 수밖에 없다. 우리 가게는 전 주인이 가진 조건을 그대로 물려받았기 때문에, 임차 기간은 3년이 남았었고 재계약 후 5년 더 가게를 운영할 수 있도록 되어 있었다.

내 가게를 계속 유지하려면, 건물주가 하지 말라는 것은 절대 하지 말아야 하고 지키라는 것은 반드시 지켜야 한다. 우리 가게 건물주인 TTC는 가게 보험과 소방 소화기 같은 화재와 관련한 사항을 특히 중요시했다. 지하철 승객들이 늘 오가는 곳이기 때문에 그럴 것이다.

우리 가게가 가입한 보험사 직원의 실수로 보험료 납부 증명

우리 가게가 있는 곳 바깥의 사거리 풍경. 토론토 북쪽에 있는 노스욕 지역으로, 도심 다음으로 대형 빌딩이 많은 곳이다.

서가 제날짜에 도착하지 않자, TTC 담당자가 득달같이 나에게 연락을 해왔다. 소방 점검도 수시로 이루어졌다. 점검자가 불시에 나타나 소화기는 규정(1.5미터 높이의 벽에 부착되어 있어야 한다)대로 놓여 있는지, 스프링클러는 제대로 작동하는지, 매달 첫째 날 소화기의 이상 유무는 확인했는지(소화기에 달려 있는 종이에 확인 서명을 하게 되어 있다)를 살펴보기도 했다. 겨울철 난방 기기가 고정되어 있지 않으면 화재 위험이 있다는 이유로 치우라고도 했다. 이런 '명령'은 편지로 날아왔다. 근거를 남기는 경고 서한인 것이다.

그래도 우리 가게처럼 공공기관이 건물주면 속 편한 것이 많다. 건물주가 어떻게 할 것인지 예측할 수 있다는 점이 가장 좋았다. 모든 일을 규정에 근거해 처리해서, 규정만 지키면 문제 될 것이 없었다. 건물주가 알 수 없는 이유로 횡포를 부리거나, 규정을 자의적으로 확대 해석하는 일은 없다고 보면 된다. 임차료를 올릴 때도 당연히 법에 정해진 대로 한다. 장사가 잘되는 가게라고 눈독을 들였다가 임차인을 쫓아내는 일 따위는 공공건물에서는 벌어지지 않는다.

앞서 여러 번 말했다시피, 멀쩡하게 장사하던 임차인들을 교묘한 방법을 동원해 괴롭히고 쫓아내는 악덕 건물주를 여럿 보았다. 우리 가게 가까이에 있는 쇼핑몰에서도 그런 일이 벌어졌다. 우리가 옷가게를 시작할 당시, 그 쇼핑몰에 있던 작은 가게들은 거의 모두 사라졌다. 대부분 쫓겨나다시피 했다. 빈자리에는 프랜차이즈 가게들이 새로 들어왔다.

토론토에서는 이런 일들이 비일비재하게 벌어진다. 자영업의 세계는 '정글'이라고 해도 틀린 말이 아니다. 악덕 건물주들은 실제로 '애니멀'이라 불린다. 임차인이 조심하고 예측해서 미리 피해 가는 것 외에는 달리 방법이 없다.

그런 면으로 보자면 우리 가게는 기업이나 개인이 건물주인 곳보다는 안전하다고 할 수 있다. 그래도 임차인은 임차인이다. 내가 건물주가 아닌 이상 '리스크'라는 것은 늘 존재하게 마련이다.

몇 년 전 우리 가게에서 이런 일이 있었다. TTC 담당자가 나를 보자고 전화를 해왔다. 좀체 없던 일이었다. 무슨 일이 있으면 늘 이메일로 연락을 했던 터라 조금 긴장을 하고 나갔다. 그는 내게 가게 퇴거를 통보했다. 3개월쯤 후에 가게 문을 닫고 공간을 비우라는 얘기였다. 그는 우리 가게 자리에 지하철 모니터룸을 새로 만들기로 했다면서 비워야 할 날짜가 정해지면 알려주겠다고 했다. 임대차 계약서에 "(건물주인) TTC가 가게 공간을 공공시설로 이용하려 할 때는 언제든 가게를 비워야 한다"는 조항이 있다. 나는 그 사실을 가게를 시작할 때부터 이미 알고 있었다. 계약서에 명시되어 있으니 어찌할 도리가 없었다.

아닌 밤중에 홍두깨이긴 하지만 장사를 시작한 지 십수 년이 지난 터라 충격이나 고민이 그리 크지는 않았다. 가게 초창기에 그런 통보를 받았더라면 놀라고 절망했겠으나 캐나다살이를 웬만큼 하다 보니 근력과 맷집이 생겨났다 싶었다. 앞으로 뭘 해먹고 사나 하는 고민보다는, 이참에 다른 일을 해보자 하는 생각이 들었다.

　이후 공사 관계자들이 우리 가게를 몇 번 드나들면서 이리저리 치수를 재곤 했다. TTC 담당자가 다시 연락을 해왔다. 우리 가게는 그대로 놔두고 가게 바로 옆 공간만 사용하기로 결정했다고 했다. 꼼짝없이 문을 닫을 뻔했던 우리 가게는 이렇게 해서 살아남았다. 살아남아서 기뻤다.

**4부**

# '신데렐라' 한국을 실감하다

# 코로나19의 위기
# 정부 지원으로 이겨내다

캐나다에서 20년 옷가게를 운영하는 동안 가장 어려웠던 일은 뭐니 뭐니 해도 코로나19로 인한 팬데믹이었다. 역병 확산을 막기 위해 캐나다는 시민들을 집 바깥으로 아예 나오지 못하게 하는 초강력 정책을 두 번(총 6개월)이나 펼쳤다. 이른바 '록다운'이었다. 이 같은 전면 록다운뿐 아니라 영업시간을 줄이게 하는 '부분 록다운'은 팬데믹 기간 내내 지속되었다.

전면이든 부분이든 록다운을 하면 가장 크게 피해를 입는 이들은 가게 문을 닫아야 하는 자영업자들이다. 캐나다 연방정부와 온타리오주 정부는 록다운으로 인해 피해를 입은(수입이 끊긴) 자영업자들에게 보상을 해주었다. 그 보상 덕분에 나 같은 자영업자들은 절체절명의 위기를 무사히 넘길 수 있었다.

다음은 당시 『경향신문』 2021년 1월 21일자에 게재된 '캐나다 자영업자들, 록다운에도 큰 걱정 없이 사는 까닭'이라는 제목의 글이다. 캐나다 정부가 펼친 보상 정책은 나 같은 자영업자들에게 구명줄이었다.

캐나다 온타리오주가 록다운에 들어간 지 벌써 두 달이 훌쩍 지났다. 2020년 3월 코로나19 팬데믹(세계적 대유행) 선언이 나오자마자 3개월 동안 계속된 1차 록다운에 이어 두번째이다. 다시금 겪다 보니 답답한 록다운 생활도 이제는 제법 익숙해진 편이다.

길고 추운 겨울의 한복판이어서 기분이 더 가라앉을 법도 하지만 작년 봄의 록다운 때와 비교해 딱히 더 암울한 편은 아니다. 백신 접종이 일단 시작되어 올여름쯤이면 일반인도 맞을 수 있을 거라는 희망이 작지 않은 위안이 되고 있다.

무엇보다 나 같은 자영업자나 일자리를 잃은 사람들에 대해 캐나다 정부가 적극적으로 지원을 해주고 있으니, 가게 문을 닫고 겨울잠 자는 곰처럼 집 안에만 웅크리고 있어도 경제적인 불안감이 그다지 크지는 않다. 록다운은 말 그대로 '걸어 잠근다'는 뜻인데, 그 대상은 소매업에 집중되어 있다. 필수업종인 식품점, 약국, 주유소, 편의점, 치과 등을 제외한 모든 소매업 가게가 지금 문을 닫았다. 식당과 커피점은 테이크아웃으로만 영업을 할 수 있다.

옷가게를 운영하는 나는 2000년 봄 1차 록다운에 이어 이번에도 가게 문을 열지 못하고 있으나 경제적으로 큰 걱정은 하지 않는 편이다. 작년 3월 이후 캐나다 정부가 코로나19로 인해 피해를 입은 사람들에게 매달 꾸준히 지원을 해주기 때문이다. 지원은 1차 록다운이 풀린 지난해 여름에도 계속되었고 10개월이 지난 지금까지 한 번도 끊긴 적이 없다.

코로나19 재난 사태로 인해 경제적으로 위기에 처한 사람들을 돕는 캐나다 정책의 특징은 '신속성'과 점차적인 '지원 확대'. 2020년 3월 팬데믹 선언이 나온 직후 저스틴 트뤼도 캐나다 연방총리는 시민들에게 호소하고 약속했다. "제발 집에 머물러달라. 경제적 어려움을 겪는 시민들은 지원책을 곧 만들 테니 2주만 기다려달라."

약속대로 2주 후에 연방정부 차원의 지원책이 발표되었다. 무엇보다 속도감이 돋보였다. 의미 있는 것은 지원 대상이 '록다운으로 피해를 입은 소상공인'뿐만 아니라, '코로나19로 수입이 끊기거나 절반 이하로 줄어든 모든 시민'이라는 사실이다. 2019년 한 해 근로소득으로 5,000달러(약 500만 원) 이상을 신고한 사람이라면 누구든 지원금 신청 자격이 있었다. 아르바이트 자리를 잃은 학생한테도 해당되는 조건이었다.

이렇게 빠르게 정책을 내놓다 보니, 한 달에 1인당 2,000달러(약 200만 원)를 지원한다는 골격만 확실할 뿐 세부 사항에서는 허술한 대목들이 더러 있었다. 말하자면 숨이 넘어가는 사람들에게 앞뒤 따지지 말고 빨리 산소호흡기부터 들이대고 보자는 모양새였다.

처음에는 신청만 하면 누구에게나 사흘 안에 은행 계좌로 지원금을 넣어주었다. 신청자의 자격 여부는 일단 지급한 다음 추후에

검토했다. 처음에는 신청자에게 질문하는 항목이 몇 개에 불과했으나 지금은 수십 개에 달한다. 질문이 아무리 많아졌다 한들, 전년 대비 수입이 50퍼센트 감소한 자영업자나 실직자는 지난해와 다름없이 계속 지원을 받고 있다.

평소 캐나다의 문화는 느긋하고 느린 편이다. 공무원들이 일하는 태도나 방식을 보면, 성격 급한 한국 사람들은 속에서 불이 날 지경이다. 그러나 사람 목숨과 관련된 일을 처리할 때면 공무원들의 태도가 돌변한다. 이럴 때는 깜짝 놀랄 만큼 동작이 빠르다. 코로나19 사태 이후 캐나다 정부가 펼치는 지원 정책의 속도와 내용, 방향 등을 보면서 이 나라에서 20년 가까이 살아온 나로서도 여러 모로 놀라게 된다.

재난 사태가 벌어지자마자 지원책을 바로 내놓을 수 있는 가장 큰 배경 가운데 하나로, 정부의 드라이브에 제동을 거는 세력이 없다는 점을 꼽을 수 있겠다. 야당은 정부에 전권을 위임했다. '선심성'이니, '선거용'이니, '해외 사례가 없다'느니 하며 정치인이나 공무원들이 지원책 집행의 발목을 잡는 일을 이 나라에서 본 적이 없다. 집권을 포기했다면 모를까 비상시국에 야당이 그런 태도를 취하는 것은 거의 불가능하다. 공무원이 그랬다가는 파면을 면치 못할 것이다(온타리오주 재무장관이 크리스마스에 해외 휴가 여행을 다녀왔다고 해서 자리에서 물러나기도 했다. 2주 자가격리를 포함해 방역지침을 철저히 지켰다고 해명했지만 시민들은 용서하지 않았다). 국가가 자기 시민을 지키는 큰 전쟁을 치르는 중인데, 여당 야당이 따로 논다면 그게 오히려 더 이상한 일이다.

비상 상황에 대처하는 정부의 드라이브는 거침이 없다. 정치인이나 공무원들이 '논의 중' '검토 중' 따위의 소리는 입에 올리지 않는다. 정부 안에서야 갑론을박이 있겠으나 나처럼 지원받는 사람이 놀라워할 만큼 빠르게 일 처리하는 것을 보면 '일단 지원하고 문제 해결은 나중에'라는 기조를 유지하는 것만은 틀림없다. 정부 부처 간에 갈등이 있다 한들 바깥으로 새어나올 틈도 없어 보인다. 지원 속도를 지원 규모만큼이나 중요하다고 여기는 것이다.

정책을 제대로 다듬지 않고 속도전을 벌이듯 지원한 까닭에, 작년 봄에는 자격 미달자들이 대거 지원하고 혜택을 받아 논란이 되기도 했다. 자격 심사에 들어간 행정당국은 지난해 여름 무자격자 20만 명에게 반납하라는 통지서를 보냈다. 캐나다살이를 포기한 사람이 아니고서는 불응하기란 불가능하다. 운전면허증과 여권 등을 갱신하기가 어려워질 수도 있기 때문이다.

일단 지원부터 하고 본다는 '신속성'과 더불어 캐나다 지원책의 특징으로 또 하나 꼽을 수 있는 것은 점차적인 지원 확대이다. 문을 닫거나 매출이 줄어든 자영업자들이 임차료 부담을 호소하자, 작년 봄 온타리오 주정부가 나서서 해결책을 제시했다. 주정부가 건물주에게 가게 임차료 50퍼센트를 지원해줄 테니, 건물주는 임차인에게 25퍼센트만 받고 25퍼센트의 손해는 감수하라는 내용이었다. 이런 권고를 무시하는 건물주들이 속속 등장하자 작년 10월 연방정부가 개입했다. 연방정부는 자영업자들이 임차료 지원 신청을 하면 매달 매출액에 따라 임차료의 65~90퍼센트를 신청자에게 직접 주었다. 지금처럼 록다운으로 매출이 전혀 없는 상황에서는 임차료를 10퍼센트 정도만 내면 된다.

그 10퍼센트도 록다운으로 가게 문을 닫은 나 같은 자영업자에게는 부담이 되기 마련이다. 그런데 이번에는 온타리오 주정부가 그런 부담을 덜어주었다. 주정부의 보증으로 거래 은행에서 두 차례에 걸쳐 2년 무이자 대출을 해주었기 때문이다. 작년 봄에는 4만 달러(약 4,000만 원), 이번 겨울에는 2만 달러(약 2,000만원). 2년 후에도 총 6만 달러 대출금 가운데 4만 달러만 갚으면 된다. 2만 달러는 주정부가 대신 갚아준다.

작년에는 '은행 주택담보대출 상환 6개월 연기' '여름방학 아르바이트를 못하는 학생 지원' 같은 정책들도 시행되었다. 분위기가 이렇게 흘러가다 보니, 자동차 회사나 보험 회사도 나서서 할부금이나 납부금 내는 것을 몇 개월 연기해주거나 심지어 깎아주기도 했다.

작년 7월 초 1차 록다운이 풀려 가게 문을 다시 열었을 때는 백신 소식도 없던 터라 매출은 평소의 20~30퍼센트에 머물렀다. 그래도 나 같은 자영업자가 크게 어렵지 않았던 이유는, 매출이 전년 대비 50퍼센트를 넘지 못하면 연방정부가 지원을 계속해주었기 때문이다. 4월부터 1인당 한 달에 2,000달러씩 지급하던 지원금은 작년 10월부터 2주에 900달러 지급하는 것으로 바뀌었다. 실직자들은 실업급여를 신청할 수 있게 했다.

새로운 지원 정책이 자꾸 나오고 있는 만큼 코로나19로 경제적인 타격을 입은 사람이라면 뉴스에 촉각을 곤두세우고 있어야 한다. 가장 최근에 새로 알게 된 내용은 두 가지가 더 있다. 코로나19 팬데믹 이후 매출이 감소한 가게가 직원을 고용할 경우 감소액 정도에 따라 직원 인건비의 50퍼센트를 매달 보전해준다는 것. 또 하나는 주정부 차원에서 선별 지원책을 새로 만들어 1월 15일부터 신청을 받기 시작했다는 사실이다.

온타리오주가 최근에 발표한 지원책은 록다운이라는 행정명령으로 피해를 입은 나 같은 자영업자들에게 1만~2만 달러를 따로 지원한다는 내용이다. 필수업종으로 분류되어 록다운 중에도 가게 문을 여는 편의점과 세탁소 등은 지원 대상에서 제외된다. 또 손세정제나 마스크 같은 가게 방역물품 지원금 1,000달러를 주고, 가게 재산세(임차료에 포함되어 있다)와 전기요금도 면제해준다. 더그 포드 온타리오주 총리가 22개 언어로 '집콕'을 호소하는 동영상을 찍어 발표할(한국어로는 "집에 있어"라고 했다) 즈음에 나온 새로운 지원책이다.

온타리오주(인구 1,500만 명)에서는 이번 겨울 들어 코로나19 확진자 수가 하루 4,000명에 육박했고, 지금은 2,000명대로 줄어들었다. 서방국가 중에서는 비교적 선방하고 있지만 록다운은 금세 풀릴 기미가 보이지 않는다. 정부의 지원이 신속하고 다양하게 이루어진다고 해도, 그것은 최소한의 '버티기'만 가능하게 할 정도이다. 소상공인들 가운데서도 각자 처한 환경에 따라 더 큰 어려움을 겪는 이들이 있을 것이다. 그래도 자영업자와 실직자처럼 코너에 몰린 시민들이 최악의 상황은 피해 갈 수 있도록 국가가 할 수 있는 모든 지원책을 동원하고 있다는 느낌을 받는다. "돈을 낙엽 태우듯이 푼다"는 우려가 나올 정도로 말이다. 이즈음 '국가란 무엇인가' '정부란 무엇인가' '정치란 어떠해야 하는가'를 자주 생각하게 된다.

## 15년을 함께 산 우리 집 '황소'······
## 자동차 이야기

토론토에 살러 오면서 자동차를 어떤 것으로 구입할 것인가를 두고 고민을 좀 했다. 한국에서는 줄곧 일반 승용차를 타고 다녔지만 토론토에서는 자영업에 종사하기로 한 만큼 거기에 맞는 자동차가 필요하지 싶었다. 토론토에서 만난 한국 사람들 가운데 미니밴을 몰고 다니는 이들이 많았다. 더군다나 자영업자들의 차량은 예외없이 미니밴이었다. 직장인들도 덩달아 미니밴을 선호했다. 이민자들에게는 여러모로 편리한 점이 많은 차종 같았다.

이민 사회에 떠도는 말이 하나 있다. 캐나다 이민자는 공항에서 자기를 처음 픽업해준 사람의 직업을 따라가게 된다는 것이다. 이를테면 편의점 운영자가 공항 픽업을 나갔다면 이민 신참은 편의점 업종에 종사하기 십상이라는 얘기다. 아무래도 캐나다에서 처음 만난 사람의 영향을 많이 받을 수밖에 없기 때문일 것이다.

그런데 나는 조금 달랐다. 공항에서 우리 가족을 태워준 사람은 동포신문 기자였다. 나는 애초부터 그 직업에 별 뜻이 없었고, 그 또한 별말이 없었다. 반면 그는 자동차에 대해서는 말이 아주 많았다. 그는 나중에 비즈니스 할 것을 염두에 두고 미니밴을 구입했다고 했다. 그런데 "비즈니스를 해도 미니밴처럼 큰 차는 필요 없다. 나도 괜히 샀다. 쓸데없이 가스비(기름값)만 많이 든다"고 하도 여러 번 강조를 하는 바람에 나는 미니밴을 아예 고려조차 하지 못했다. 나를 자동차 딜러에게 데려다 준 사람도 그이였던 터라, 나로서는 "하지 말라"는 그의 의견을 무시하기가 어려웠다.

그래서 구입한 자동차가 포드 포커스 왜건이었다. 자동차 트렁크 부분이 미니밴처럼 위로 불쑥 솟아오른 소형차였다. 소형차지만 식당과 옷가게를 운영하면서 크게 불편한 점은 없었다.

그래도 미니밴에 대한 미련은 마음 한편에 남아 있었다. 다른 사람들은 미니밴이 넓어서 여러모로 편리하다고 했다. 캠핑을 가서 '차박'을 할 수 있다는 사실도 부러웠다

옷가게를 열고 내 집을 마련한 뒤 미니밴에 대한 욕심이 은근히 생겨났다. "자동차를 리스하고 유지하는 돈은 가게 비용으로 처리하면 된다"는 회계사의 말을 듣고 나니 참기가 어려웠다. 소형차를 처분하고 나도 미니밴 '혼다 오딧세이'를 구입했다. 옷가게를 시작한 지 4개월 만이었다. 당시 이민자들 사이에서 가장 인기 있는 미니밴은 가성비 좋은 '닷지 그랜드 캐러밴'(당시 한국 이민자들이 하도 많이 타고 다녀서 우스갯소리로 '국민차'라고 불렸다)이었다. 나로서는 한국산·미국산 자동차를 타보았으니, 일본 차를 경험해보고 싶은 생각이 들었다. 일본 자동차는 고장이 적다고 알려져서 이민자들이 선호하기도 했다(이민자들은 기본적으로 자동차 고장과 같은 귀찮고 성가신 일을 극단적으로 꺼리는 경향이 있다. 그런 문제가 안 생기게 늘 신경을 곤두세운다. 이민자들의 본능적인 성향이다).

새로 구입한 미니밴을 몰고 토론토 인근에 있는 도매회사들을 매일 돌아다녔다. 과거 우리 회사 원(源) 『시사저널』(『시사IN』이 지금의 『시사저널』에서 떨어져 나온 후 우리는 옛 『시사저널』을 이렇게 부른다) 안병찬 편집주간은 취재 기자들을 두고 "말 타고 초원을 달리는 몽골 기병 같다"고 표현한 적이 있는데, 내

가 미니밴을 몰고 그러고 다니는 것 같았다. 운전을 할 때 안 주간의 말이 여러 번 떠올랐다.

자동차를 '리스'하고 4년이 지나 '리턴'할 때가 되고 보니 주행거리가 14만 킬로미터에 달했다. 1년에 3만 5천 킬로미터를 몰고 다닌 셈이다. 리스 계약 기간의 제한 주행거리는 9만 6천 킬로미터였다. 주행 초과 비용을 물지 않으려면 미니밴을 구입할 수밖에 없었다.

미니밴은 우리 집과 가게의 온갖 일을 다 해내는 '일꾼'이었다. 차가 크고 힘이 좋아서 비즈니스용으로는 더할 나위 없이 훌륭했다. 대학 동창회 임원이 되어 야유회나 캠핑 같은 행사를 할 때도 더없이 유용했다. 아이들의 대학 기숙사 이삿짐을 나를 때는 따로 짐차를 빌릴 필요가 없었다.

차가 오래되고 무거운 짐을 많이 실은 탓인지, 20만 킬로미터가 넘어가면서부터 고장이 잦았다. 한국에서 온 조카를 태우고 나이아가라 폭포에 갔다가 고속도로에서 '퍼지는' 바람에 토론토까지 2시간 넘게 견인해 온 적도 있다. 견인차의 도움을 받은 것은 대여섯 번은 된다. 이런 일이 많아져서, 견인서비스 회사(CAA)에 회원으로 가입하기도 했다. 그래도 자동차를 바꾸기는 쉽지 않았다. 2014년에 '세컨카'를 구입하기도 했거니와, 2006년형 혼다 오딧세이만큼 크고 실용적인 차를 찾기가 쉽지 않았다. 무엇보다 정이 많이 들어서 그런 것도 같았다.

코로나19 팬데믹을 거치면서 더 이상 큰 차가 필요하지 않았다. 가게는 덜 바쁘고, 아이들도 다 크고 해서 큰 차를 사용할 일이 예전만큼 많지 않았다. 15년 동안 35만 킬로미터를 탔으니 바꿀 때도 되었지 싶었다. 게다가 우리 미니밴은 간신히 굴러만 갈 뿐 사람으로 치면 '골골대는 병자'나 다름없었다. 실제로 차에서 이상한 소리가 났고, 소소한 고장도 많았다. 이제는 일을 그만 시키고 보내주어야겠다는 생각이 들었다.

그 차는 우리 가족이 토론토에 뿌리를 내리고 살게끔 해준 '착한 황소'와 같은 존재였다. 아내는 실제로 우리 차를 황소라고 불렀다. 미니밴은 그만큼 많은 일을 해냈다. 차와 작별을 할 때 눈물이 쏟아질 것 같았다. 나는 우리 집 황소의 지붕을 처음이자 마지막으로 쓰다듬으면서 머리를 숙여 감사 인사를 했다.

"네 덕분에 우리 가족이 살 수 있었다. 그동안 정말 고마웠다. 잘 가라."

## '신데렐라' 한국을 실감하다

우리 가게가 문을 열 당시만 해도 내가 중국 사람인 줄 알고 "니 하오"라고 인사하는 손님들이 많았다. 내가 "나는 한국 사람이다"라고 하면 "사우스냐, 노스냐"라는 질문이 이어졌다.

한국이 어디에 있는지 모르는 사람들도 가끔 있었다. 한국에 대한 외국 사람들의 이런 생각은 2010년 이후 극적으로 바뀌었다. 물론 우리 가게 손님들을 놓고 보면 그렇다는 얘기다.

'사우스냐, 노스냐' 하는 질문을 들으면 짜증이 났다. 탈북자들이 토론토에 더러 있기는 하지만 북한에서 캐나다로 직접 건너온 사람은 극소수에 불과하다. 캐나다에 있는 탈북자도 한국을 거쳐 한국 여권을 들고 건너온 만큼 토론토에 있는 한국 사람은 거의 모두가 '사우스' 출신이라고 보면 된다. '사우스냐, 노스냐' 하는 질문이 의미가 없는데도 '노스 코리아' 관련 뉴스가 자주 나오다 보니 '코리아' 하면 남이냐 북이냐 묻는 것이다.

그런 물음에 왜 기분이 상하는가 하면 '노스'의 이미지가 이곳에서 별로 좋지 않기 때문이다. 반면 사우스 코리아에 대한 이미지는 완전히 달라졌다. 한국이 1970년대 이후 압축 성장을 했다면, 2010년대 이후에는 '초압축 성장'을 했다고 나는 생각한다. 특히 국가 이미지로 보자면, 한국 대중문화가 북미를 휩쓸기 시작하면서부터 한국은 말 그대로 수직 상승했다. 우리 가게 손님 중에 지금은 한국을 모르는 사람이 없고, '사우스냐, 노스냐'를 묻는 사람도 거의 없다.

나아가 대다수 외국 사람들이 한국말 한두 마디쯤은 할 줄 안다. 내가 한국 사람인 것을 알고 "안녕하세요?" "감사합니다"라고 말하는 사람은 너무 많아서 이제는 신기하지도 않다. 어떤 20대 백인 손님이 나에게 하도 자연스럽게 한국어로 말을 걸어서, 우리가 영어로 대화하는 줄 잠시 착각한 적도 있었다. 그 손님은 칼리지에서 한국어를 배우는 중이라고 했다. 최근에는 영어라고는 한마디 못하는 알바니아 출신의 나이 많은 여성이 나에게 "코리아"라고 말을 걸어왔다. 어떤 손님은 내가 우리 말로 "감사합니다"라고 말하자 그것을 알아듣고 "유 아 웰컴"이라고 답했다.

내가 남들보다 이런 점에 좀 더 관심이 많았던 이유는 한국의 이미지를 결정적으로 끌어올린 것이 대중문화이고, 내가 기자로 일할 적에 관련 기사를 많이 썼기 때문이다. 한국에서 기자로서 갔던 마지막 출장지는 중국 베이징과 선양이었다. 2000년이었다. 당시 H.O.T와 클론을 필두로 한 이른바 한류가 중국 전역에 급속도로 퍼지고 있었다. 나는 중국으로 건너가 한국 가수들의 콘서트를 보면서 한류의 전개 양상을 취재했다.

2002년 내가 이민을 올 당시만 해도 캐나다에 한류라는 것은 없었다. 중국 사람들이 많이 살아서(토론토 인근에만 100만 명) 본국으로부터 영향을 받을 법도 했지만 대중문화가 인터넷으로 퍼져나가는 시절은 아니었다. 그 당시에는 한국 사람들도 한국 드라마를 한국 식품점에서 녹화 비디오로 빌려보았다.

DVD가 대중화하면서 캐나다의 중국 커뮤니티에서 한국 드라마가 유행하기 시작했다. 「대장금」과 「겨울연가」가 중국인들 사이에서 불법 복제판 DVD로 돌아다니고 있었다. 이민 초기, 캐나다에 적응을 빨리하겠다고 한국 드라마 같은 것을 멀리하던 나에게 중국 도매회사 직원이 "재미있다"며 건네준 것이 「대장금」이었다. 「겨울연가」도 그렇게 해서 보았다. 「파리의 연인」은 주말에 동이 틀 때까지 아내와 함께 보았다. 한국 드라마들은 참 달콤했다.

어떤 날은 도매회사의 중국인 사장이 내게 "앵꺼라"라고 인사를 했다. 드라마 「주몽」을 보면서 그가 배운 한국식 인사였다. 드라마에서는 누가 실내에 들어오기만 하면 "앵꺼라"라고 한다고 했다. "앉거라"라는 말이었다.

중국 사람들은 나를 만나기만 하면 재미있는 드라마를 소개해달라고 부탁을 했다. 자기들이 나보다 더 많이 알고 있으면서도 그랬다. 2010년대 들어 필리핀 출신의 30대 손님이 가게에 들어와 "슈퍼주니어가 너무 좋다"고 했다. 딸을 통해 알게 된 이후 슈퍼주니어에 빠져서 온라인 영상은 모두 찾아보았고 CD를 사서 듣는다고 했다. 내가 우리 가게 손님한테서 들었던 최초의 한국 가수 이름이었다.

이후 싸이가 등장해서 우리 손님들도 자주 이야기를 했다. 「강남스타일」을 모르는 사람은 없었다. 우리 가게를 드나드는 손님들은 주로 30대~60대 여성들인데, 그들이 한국의 아이돌 그룹을 좋아했다. 10대 자녀를 통해 알았다고 했다.

우리 가게 손님들을 통해서 보자면, 한국 문화가 캐나다에 널리 퍼져나가는 데는 채 10년도 걸리지 않았다. 가장 크게 공헌한 것은 드라마 「대장금」 「겨울연가」 그리고 아이돌 그룹이다. 매체로 보자면 유튜브와 넷플릭스이다. 그즈음 토론토의 개봉관에서 한국 영화가 상영되기 시작했다. 나는 한국에서 화제를 모은 영화는 모두 토론토 극장에 가서 보았다.

한국 대중문화가 이렇게 유행하고 주류에 편입되다 보니, 토론토의 한국 식당과 식품점이 들썩였다. 내가 이민 올 무렵만 해도 한국 손님밖에 없던 한국 식당에, 지금은 외국인 손님이 더 많다. 중국 사람들은 한국 식품점에 가고, 나 같은 한국 사람은 중국 식품점에 정기적으로 가는 일도 벌어진다. 때를 같이해 토론토의 대형 식품점에 한국 음식이 등장해 각광을 받았다. 코스트코에서 김치와 김을 판매한 지는 오래되었다. 모두 한국에서 수입해 온 것들이다. 이곳에서 직접 만들어 파는 한국 음식도 여럿 등장했다.

백수십여 나라에서 온 사람들이 함께 모여 사는 토론토에서, 대중문화에서부터 먹거리에 이르기까지 특정 나라의 문화가 이렇게 빠른 속도로 퍼져가나는 경우를 나는 보지 못했다. 오로지 한국 문화만 그렇게 유행하고 있다. 한국 대중문화는 온라인 환경에 가장 잘 맞았고, 또 그것을 가장 효과적으로 활용했다. 인터넷이 없었더라면 한국이라는 신데렐라의 탄생은 불가능했을 것이다. 북미 지역에서 투어 콘서트를 여는 한국 뮤지션들이 얼마나 많은지, 이제는 헤아리기도 어렵고 더 이상 신기하지도 않다. 그저 당연한 일로 받아들인다.

늘 전쟁 위험 지역으로만 알려져 있던 한국이 이제는 대중문화 덕분에 '잘사는 나라' '고급스러운 나라'로 통한다. 삼성과 LG, 현대자동차 같은 기업은 그런 분위기에 가장 큰 수혜를 입은 동시에 그런 분위기가 뜨는 데 일조했다.

한국에 대한 이런 이미지가 우리 가게에도 물론 도움이 된다. 가게 매출로 직접 연결되는 것은 아니지만 한국의 위상이 급상승하는 바람에, 한국 사람에 대한 대접이 달라진 것은 분명한 사실이다. 2010년 이전만 해도 중국과 일본 사이에 끼여 있는 전쟁 위험 지역의 나라가, 이제는 고급스러운 부자 나라로 그 이미지가 바뀌었다.

2025년 여름에 등장해 전 세계를 뒤흔든 넷플릭스 애니메이션 「케이팝 데몬 헌터스」(「케데헌」)로 인해 한국 문화와 한국의 이미지는 새로운 장에 접어들었다. 한국 대중문화의 새로운 빅뱅이었다. 2000년대 초반부터 축적되어온 한국 문화의 힘이 「케데헌」을 낳았고(매기 강 감독은 토론토에서 성장한 한인 이민자 1.5세이다. 5세 때부터 캐나다에서 살았다는 그는 10대 시절 한국 대중음악에 빠져들었는데, 특히 21세기 K팝의 원조인 H.O.T에

깊이 매료되었다고 했다. 매기 강만 해도 느닷없이 등장한 것이 아니라 일찌감치 K팝의 세례를 받은 인물인 것이다),「케데헌」은 한국 대중문화의 새로운 시대를 열어젖혔다. 지금 나로서는 한국 대중문화의 위세가 어디로까지 뻗어 나갈지 가늠조차 하기 힘들다. 외국에 사는 사람으로서 분명하게 말할 수 있는 것은 한국에 사는 사람들이 상상하는 것 이상으로 한국(문화)의 위상이 높고 그 이미지가 강력하다는 사실이다.

몇 년 전부터 "한국 옷을 팔지 않느냐?"고 묻는 우리 가게 손님들이 많아졌다. "한국 옷은 너무 비싸서 갖다놓기가 어렵다"고 답한다. 비싸기도 하지만 사실을 더 말하자면, 한국 옷은 지나치게 예뻐서 수더분한 우리 손님들에게는 잘 맞지 않는다. 무엇보다 팔 길이가 맞지 않는다.

친정이 잘살고 유명해지면 장사꾼인 내 어깨도 으쓱해진다.

## 국격 추락시킨 비상계엄

그러나 이렇게 좋은 한국의 이미지를 단번에 꺾어버린 사건이 있었으니, 바로 12·3 비상계엄이다. 내가 캐나다에 살러 온 이후를 돌아보면, 한국의 이미지는 꾸준히 좋아지기만 했었다. 지금은 '사우스 코리아' 하면 모두 엄지손가락을 치켜세울 만큼 한국은 멋지고 잘사는 나라로 변모했다. 국가 이미지가 이렇게 급속하게 좋아진 나라는 전 세계를 통틀어 한국밖에 없다. 캐나다에 살면서 보니 그렇다는 얘기이다. 나는 한국을 방문할 때마다 사람들에게 이렇게 이야기하곤 한다.

"예전에는 한국 사람들이 중국, 일본이 얼마나 대단한 나라인지를 몰랐는데, 요즘은 한국 사람들이 한국을 너무 모르는 것 같다."

하긴 나처럼 멀리 떨어져 사는 사람의 눈에 전체적인 모습이 더 잘 보이는 것인지도 모르겠다.

한국에서 벌어진 12·3 비상계엄 사태는 캐나다에서 보기에 너무나 충격적이고, 어떤 면으로는 정말 생뚱맞은 뉴스였다. 2024년 12월 3일 토론토의 모든 뉴스 채널은 하루 종일 한국에서 발생한 친위 쿠데타를 보도했다. 뉴스 매체들이 전하는 논조는 비슷했다. 어떻게 한국 같은 나라에서 후진국형 비상계엄 사태 따위가 벌어질 수 있느냐는 것이다. 이곳 사람들이 크게 놀라워하는 것은 당연했다. 우리가 프랑스, 독일, 영국, 캐나다 같은 나라에서 계엄 사태가 벌어지리라고 상상하지 못하는 것과 비슷한 이치이다.

캐나다의 라디오 뉴스 앵커는 말했다.

"비상계엄이 벌어진 나라는 노스 코리아가 아니에요. 사우스입니다. 노스가 아니라 사우스라고요."

그는 '노스'가 아니라 '사우스'라는 사실을 몇 차례나 강조했다. '사우스 코리아'에서 도무지 믿을 수 없는 일이 일어났으니 그랬을 것이다.

우리 가게 손님들도 마찬가지였다. "정말 사우스 코리아에서 그런 일이 일어났냐?"라고 묻는 사람들이 많았다. 한결같이 믿지 못하겠다는 표정이었다. 우리 손님들뿐만 아니라, 도매상에 가서도 같은 이야기를 여러 번 들었다. 젊은 층에서는 "한국에서 발생했다는 마샬 로(Martial Law·계엄령)가 도대체 뭐야?"라며 검색을 많이 했다는 이야기도 전해 들었다. 그들로서는 상상도 하지 못할 일이기 때문일 것이다.

"사우스 코리아에서 왜?" "어떻게 그런 일이?"라는 질문에 나는 대답할 말을 찾지 못했다. 그저 부끄럽기만 했다. 캐나다에 살러 와서, 우리나라에 대해 부끄러워한 것은 이번이 처음이다.

이 대목에서 캐나다에 사는 나 같은 한국 사람이 '우리나라'에 대해 갖고 있는 생각을 이야기해야겠다. 캐나다에 살면서, 그것도 시민권자로 살면서 왜 나는 한국을 여전히 우리나라라고 생각할까. 한국에서 무슨 일이 벌어지면 모국의 일이니 좀 더 관심을 가질 정도면 될 텐데, 왜 그렇게 자랑스러워도 하고 부끄러워도 하는 것인가.

모두가 알다시피 캐나다는 다민족 국가이다. 20년 넘게 살다 보니 다민족 국가의 의미가 선명하게 와닿는다. 세계 도처에서 온 사람들이 모여 살면서 하나의 공동체를 이룬 나라라는 얘기이다. 말하자면 나는 한국 사람으로서, 캐나다를 구성하는 시민의 한 사람이다. 각자의 출신 배경이 존중받는 캐나다에 살고 있으니 '한번 한국인이면 영원한 한국인'이라는 사실은 변하지 않는다. 내 정체성으로 말하자면, 캐나다라는 나라에 지분을 가진 한국 사람인 것이다.

캐나다 시민들 중에는 이중국적자가 많다. 합법적인 이중국적이다(한국은 병역 문제 때문에 여전히 이중국적을 허용하지 않지만 65세 이상은 가능하다). 그들은 자기 모국과 캐나다에서 각각 투표권을 행사한다.

캐나다 사람들이 나에게 한국 문화에 대해 묻고, 한국에서 발생한 비상계엄에 대해 질문하는 것은 내가 캐나다에 사는 한국 사람이기 때문이다. 우리나라 걱정으로 때로 밤잠을 설치는 것도 바로 이 때문이다.

### 빵야오…… 친구…… 카이비건

나는 우리 가게 손님들이나 도매회사 직원들과 장사와 관련 없는 이야기도 많이 나누는 편이다. 우리 가게에 드나드는 손님들은 캐나다 본토박이를 비롯해 중국, 중동, 인도, 필리핀, 중남미, 아프리카, 유럽 등 거의 전 세계에서 온 사람들이다. 어떨 때는 "안녕하세요?"라고 하도 자연스럽게 인사를 해서 한국 사람인 줄 알았더니 티베트에서 왔다고 했다. 생김새까지 비슷했다.

  나는 기자 할 때의 관성이 남아서 그런지, 낯선 사람을 만나면 호기심이 생기고 이것저것 잘 묻는다. 이민자들 중에는 뜻밖에도 고학력자들이 많다. 어느 도매회사 중국인 사장은 베이징대에서 법학을 전공했다고 했다. 함께 일하는 그의 동생은 미국 유명 대학의 박사인데, 한국 현대사를 줄줄이 꿰고 있었다. 마오쩌둥에 대해서는 과를 덮어줄 만큼 공이 크다고 말했다. 한국의 박정희에 대해서도 같은 평가를 내려서, 나하고 장시간 이야기를 나누기도 했다.

  중동 출신 사장이 운영하는 어느 도매회사에서 건장한 체격의 30대 남자 직원을 만난 적이 있다. 영어도 잘하고 지식인처럼 보이길래 "어느 대학을 나왔느냐?"고 물었더니 레바논에서 가장 좋은 대학을 졸업했다고 했다. 그는 캐나다에 대해 불만이 많았다. 이민 심사를 할 적에는 학력과 전공, 경력을 그렇게나 따져대더니 막상 와서 보니 일자리 얻기가 너무도 어렵다고 했다. 그는 항변했다. "이곳 회사들은 방금 캐나다에 살러 온 사람에게 캐나다 경력을 요구해요. 그게 말이나 돼요?"

이란 손님과 이야기할 기회가 생기면 나는 서울에 테헤란로가 있다는 것으로 말문을 튼다. 테헤란에 서울로가 있다는 말은 이란 손님한테서 처음 들었다. 이란에서 교사를 했다는 어떤 사람은 자기 나라에 대해 불만이 많았다. 마치 대화에 굶주린 사람 같았다. 나를 붙들고 30분 가까이 자기 나라 정세에 대해 이야기했다.

필리핀 사람들은 우리 가게에서 가장 환영받는 손님들이다. 일단 우리 가게 근처에 많이 살고, 품성이 순하고 착하다. 필리핀 손님들은 자꾸 나를 '빵야오'라고 불렀다. 중국 남쪽 지역 언어인 캔토니즈로 '친구'라는 뜻이었다. 필리핀 사람들이 캔토니즈를 구사하는 이유가 있었다. 그들은 일자리를 찾아서 홍콩으로 대거 건너갔었고, 홍콩을 거쳐 캐나다로 온 사람들이 많았다. 내가 한국 사람인 줄 알면서도 '빵야오'라고 부르는 사람도 있다. 발음이 재미있어서 그런 모양이다.

나는 '친구'라는 한국어를 가르쳐주고, 그들을 '카이비건'이라고 부른다. 필리핀 공용어인 타갈로그어로 친구라는 뜻이다. 이민자 출신 손님들 중에서 한국 드라마를 가장 좋아하는 이들이 필리핀 사람들이다. 그들은 내게 한국 드라마와 아이돌 그룹을 이야기한다. 나는 그들에게 가수 프레디 아길라와 권투선수 파퀴아오를 이야기한다. 그러면 프레디 아길라를 어떻게 아느냐고 꼭 묻는다. 「아낙」이라는 노래가 1970년대에 한국에서 번안되어 널리 유행했다고 대답한다. 이런 말을 하면 그들은 깜짝 놀란다.

## 요즘 한국 사람들이 캐나다 이민을 오는 방식

다음은 『경향신문』 2023년 5월 26일자에 게재했던 칼럼이다.

캐나다 토론토에는 봄이 아주 더디게 온다. 봄볕이 좋고 어쩌다 기온이 섭씨 30도 가까이 올라간다 해도 4월에는 절대 꽃을 심어서는 안 된다. 5월에도 서리가 내리고 눈발이 날리는 날이 간혹 있기 때문이다. 5월 셋째 주 월요일인 빅토리아데이 공휴일이 지나야 토론토에도 비로소 봄이 왔다고 보면 된다.

나는 토론토의 봄 날씨에 다소 민감한 편이다. 4월에 꽃을 심었다가 얼려 죽인 경험을 여러 번 한데다, 이민을 온 첫해 5월 추위로 적잖게 고생을 했기 때문이다. 우리 가족이 캐나다에 발을 내디딘 날은 2002년 빅토리아데이 직전이었다. 그즈음 한국은 이미 여름 기온이어서, 두꺼운 옷들은 모두 이삿짐에 싸서 부쳤었다. 토론토에 왔더니 싸늘하기가 마치 한국의 3월 같았다. 우연히 학교 선배를 만났고, 그이의 소개로 동창 모임에 나갔더니 나처럼 여름 옷차

림을 한 사람이 여럿 있었다. 나와 비슷한 시기에 캐나다에 살러 온 사람들이었다. 그때는 그렇게 이민 동급생들이 많았다.

2000년을 전후해 한국에는 이민 붐이 일어났었다. 돌이켜보면 그즈음의 이민 러시, 특히 캐나다행 이민은 캐나다 사회와 한국 사람들의 '욕망'이 맞아떨어져 만들어진 것이었다. 21세기를 앞두고 'Y2K'라는 밀레니엄 버그 때문에 세계 모든 나라가 신경을 곤두세우던 때였다. 어느 나라든 IT 기술자들을 많이 필요로 했다. 기술자를 하루아침에 양성할 수는 없는 노릇이다. 다른 나라에서 빼 오는 것이 가장 쉽고 빠른 방법이었다.

이민 정책에 관한 한 세계에서 가장 앞서간다고 할 수 있는 캐나다는 이민 문턱을 대폭 낮췄다. '기술 이민'이라는 이름으로 IT 기술자와 엔지니어들을 대거 영입하려는 전략이었다. 당시 이민의 형태는 모두 세 가지. 큰돈을 들여야 하는 투자·기업 이민(두 가지 모두 2014년에 폐지되었다)이 있었고, 이른바 '기술 이민'이 있었다. 평범한 사람들은 기술 이민을 택했다. 캐나다는 IT 기술자와 엔지니어들에게 특혜를 주었다. 반드시 거쳐야 하는 절차인 이민 영사와 인터뷰하는 과정을 면제해주었고, 영주권도 단 몇 개월 만에 내주었다. 평소보다 몇 배는 빨랐다. 기술자들을 빨리 받아들여 빨리 써먹으려는 의도를 노골적으로 드러낸 셈이다.

캐나다가 기술자들을 급히 구했다면, 캐나다 이민을 희망하는 한국 사람들은 캐나다 사회의 좋은 교육 환경을 필요로 했다.

1997년 이른바 '외환위기 사태'를 겪으면서 외국살이에 눈을 돌린 사람들도 많이 늘어났었다. 그런 불안감에 더해, 당시 이민을 떠나는 명분으로 등장한 것이 입시지옥 탈출이었다. 캐나다나 호주, 뉴질랜드 같은 곳으로 가면 교육 환경만큼은 한국보다 훨씬 나을 것이라는 기대감이 한국 사람들의 이민을 부추겼다. 이름 짓기를 좋아하는 한국 언론은 이를 두고 '교육 이민'이라고 했다. 자녀들에게 스트레스 없는 교육 환경을 만들어주겠다며 이민 보따리를 쌌던 이들이 그만큼 많았다.

당시 초기 이민자들을 모아 가르치는 캐나다 영어학교에서 재미있는 경험을 했다. 나는 '이민자들의 이방인' 같은 느낌이 들었다. 방글라데시 국립대 출신이라는 어느 청년이 말했다. "한국처럼 잘 사는 나라에서 왜 캐나다로 이민을 오는지 이해할 수가 없다." 우리 반을 둘러보면 한국 사람을 제외한 거의 모든 이들이 경제적으로 후진국 출신이었다. 정치 상황이 불안해서 건너온 이들도 더러 있었지만, 그래도 한국만큼 잘사는 나라 사람은 없었다. 그들은 나에게 이런 질문도 했었다.

"자동차를 생산하는 나라에서, 자동차를 생산하지 못하는 나라로 왜 이민을 오는 거지?"

적절한 대답을 찾기가 어려웠다. '교육 환경이 좋지 않아서' '경쟁이 너무 심해서'라고 설명하면 그들은 납득하기 어렵다는 표정을 지었다.

이민자의 나라라고 하지만 캐나다가 이민자들을 받아들이기 시작한 것은 채 60년도 되지 않는다. 1966년 이민법을 개정한 데 이어 1968년 피에르 트뤼도 연방총리(저스틴 트뤼도 총리의 아버지)가 '캐나다는 멀티컬처럴리즘(Multiculturalism·복합문화) 국가'라고 천명하면서 이민 문호를 본격적으로 열었다.

수십 명에 불과하던 캐나다 한국인 이민자는 이민 문호 개방과 더불어 1960년대 말에 2,000여 명으로 대폭 늘어났다. 독일에서 일하던 한국인 광부와 간호사들이 한국으로 귀국하지 않고 대거 캐나다로 살러 왔기 때문이다. 이후 캐나다로 이민 오는 한국인 숫자는 1970년대에는 18,000여 명, 1980년대에는 17,000여 명이었다. 많은 숫자라고는 할 수 없었다.

1970년대 초반 캐나다로 살러 온 어느 선배에게서 이런 말을 들은 적이 있다. "캐나다 이민 비자를 얻으면 고시 합격이 부럽지 않았다." 당시만 해도 한국은 후진국에서 개발도상국으로 막 발돋움하는 나라였고, 캐나다는 이민 희망자들이 가장 선망하는 선진국 가운데 하나였다.

현재 캐나다 전역에 있는 한국인 숫자는 20만 명 정도이다. 그 가운데 3분의 1에 가까운 사람들이 2000년을 전후해 캐나다로 건너왔다고 보면 된다. 단기간에 그만큼 많은 한국 사람들이 캐나다로 건너왔다.

한국 이민자들이 캐나다 사회에서 정착하는 패턴은 이민 정책이 바뀐 것만큼이나 많이 변했다. 2000년 전후만 해도 '기술 이민'을 온 한국 사람들은 이곳에서 곧바로 일을 하기 시작했다. 내 주변을 보면 한국에서 온 IT 기술자나 엔지니어들은 거의 모두가 직업을 구해 일을 했다. 나처럼 아무런 기술이 없는 사람들(주로 문과 출신)은 대학(원)에 들어가서 다시 공부를 하고 그것을 기반으로 직업을 얻거나, 자영업에 뛰어들었다.

1990년대까지만 해도 한국인 이민자들 가운데 자영업 종사자의 비율은 꽤 높은 편이었다. 1970~1980년대에는 멀쩡한 직장을 그만두고 일부러 자영업을 하는 이민자도 많았다. 당시만 해도 자영업 환경이 좋아서 월급쟁이로서는 만지기 힘든 큰돈을 벌 수 있었기 때문이다.

내가 고국을 떠나 캐나다살이를 시작한 2000년대 초반을 기점으로 이민자들, 특히 한국인 이민자들이 종사하는 분야에 큰 변화가 일어났다. 개인이 자영업을 할 수 있는 환경이 점점 더 나빠지자, 한국인 이민자 대다수는 취업하는 쪽으로 방향을 선회했다.

2010년대 들어 나타난 유력한 변화는 한국 이민자 대다수가 캐나다의 2~3년제 대학에서 다시 공부하고 취업을 했다는 사실이다(내가 살고 있는 온타리오주가 그렇다는 얘기다. 캐나다 이민 정책은 주마다 조금씩 다르다). 그들 역시 나처럼 가족 단위로 이민 온 사람들이었다. 한국 사람들은 부지런하고 머리가 좋아서(이것은 순전한 나의 '뇌피셜'이다) 그런지는 몰라도, 이곳에서 대학을 졸업하고 직장을 잡지 못한 사람은 거의 보지 못했다.

최근 몇 년 동안 한국에서 캐나다로 이민을 오거나 이곳에서 자리를 잡는 방식에 또 한 번의 큰 변화가 일어났다. 21세기 들어 나타난 세번째 변화라고 볼 수 있겠는데, 한국 사람이 캐나다로 살러 오는 경로와 자리를 잡아가는 방식이 20년 만에 완전히 바뀐 느낌이 든다.

새로운 방식이 등장한 것은 캐나다의 이민 정책과도 무관하지 않다. 1년 동안 최대 50만 명을 이민자로 받아들인다고 하지만 캐나다의 이민 문호를 통과하는 것은 그리 쉬운 일이 아니다. '경력' '학력' '나이' '영어 능력' 등의 점수를 매겨 캐나다가 꼭 필요로 하는 인력을 가려 뽑기 때문이다. 이런 방식은 자국에서 영어를 공용어로 사용해온 이민 희망자들에게 크게 유리하다. 한국 사람들에게는 불리할 수밖에 없다.

요즘 내 주변에서 보자면, 캐나다에 살러 오는 한국 사람들의 특징이 있다. 보통의 이민 방식을 택하는 대신 좀 더 장기적인 경로를 찾는다. 예전에는 주로 가족 단위로 왔다면 요즘에는 개인이 많다. 그들은 이곳에서 다시 대학 공부를 하고 직장을 구한다. 그사이에 생활비와 학비가 많이 든다는 것이 문제지만 그렇게 해서 직장을 구하고 영주권까지 얻는 젊은 사람들을 많이 보았다.

그들은 일단 6개월 여행 비자로 캐나다에 와서, 2~3년제 전문대학에 입학해 유학생 신분으로 체류를 한다(내가 본 한국의 젊은 세

대도 머리가 좋아서 대학을 한두 학기 빨리 마치는 이들이 많다). 캐나다는 유학생이 대학을 졸업하면 이곳에서 3년 동안 일할 자격을 주는데, 그 사이에 취업을 하면 된다. 직장에 다니면서 영주권을 신청하면 특별한 문제가 없는 한 1~2년 사이에 나온다. 요즘 토론토로 살러 오는 한국 사람 가운데 많은 이들이 이런 방식을 취하는 것으로 보인다. 20년 전 나 같은 방식으로 살러 온 사람을 거의 찾아볼 수 없을 뿐만 아니라, 예전처럼 이민을 와서 자영업에 종사하려는 한국 사람도 이제는 없다고 보면 된다.

캐나다 입장에서 보면 이런 이민 방식은 '꿩 먹고 알 먹는' 일이다. 자기 돈 들여서 캐나다에서 대학 공부를 마치고 직장까지 구한 고학력 인력을 캐나다는 어떤 비용도 들이지 않고 국민으로 받아들인다. 게다가 그들의 대다수는 20~30대 초반 젊은이들이다. 캐나다가 이민 정책을 세계에서 가장 적극적으로 펼치는 나라여서 그런지는 몰라도, 필요로 하는 인력을 유치하는 방식도 세계에서 가장 앞서가는 것이 아닐까 싶다.


## 이민살이의 중심은 여성

캐나다로 이민을 와서 내가 가게를 찾아다니는 동안 아내는 영어학교를 다니며 아이들을 돌보았다. 우리가 운영할 가게를 계약하자마자 아내는 가게에 합류했다. 아내는 바로 가게의 중심이 되었다. 자영업은 내가 하고자 했으나, 막상 시작을 하고 보니 아내가 중심이 되지 않고는 아무것도 할 수 없는 구조였다. 자영업을 하려고 몇 년을 준비한 나보다, 가게 계약을 한 뒤 1개월 트레이닝을 받은 아내의 역할이 훨씬 더 컸다.

8개월간 식당을 운영할 때는 아내가 주방에서 음식을 만들었다. 식당에서 가장 핵심적인 일이었다. 옷가게를 열었을 때는 가게에서 파는 물건과 관련한 모든 일, 말하자면 소프트웨어를 아내가 담당했다. 식당은 요리사를 따로 고용할 만큼 규모가 크지 않았고, 옷가게 역시 '패밀리 비즈니스'(가족이 나가 일을 하면서 인건비를 가져간다는 뜻)여서 아내가 함께해야 했다. 여성 옷과 액세서리, 가방 등을 취급하는 가게이다 보니 모든 물건들은 아내의 손을 거친다. 도매회사에서 물건 고르기, 진열, 물량 조절, 재고 관리, 가격 낮추기, 세일 등 가게에서 상품과 관련한 일의 거의 전부를 아내가 담당하고 있다. 20년 가까이 옷가게를 운영하면서 아내는 '메인'이었고 나는 '보조'였다.

내가 맡은 것은 아내가 하는 것 이외의 모든 일이다. 물건 나르기, 서류 작업, 은행 가기 등 가게 안팎에서 벌어지는 주변 일들이 내게 주어진 것이다. 가게 안에서 몇 시간 일하고 가게를 마감하는 것도 내 담당이다.

내가 옷가게를 한다고 하면 "그건 여자가 하는 일이지" "작은 옷가게에서 남자가 할 일이 뭐가 있나"라고 말하는 사람도 있었다. '정말 뭘 모르고 하는 소리'라고 나는 속으로 생각했다. 물론 여자 혼자 꾸려가는 옷가게도 있겠지만 우리 가게는 사정이 다르다. 아내가 소프트웨어에 집중하도록 내가 돕지 않으면 가게가 제대로 돌아가지 않는다. 쉬운 예를 하나 들면, 도매회사에서 구매한 물건을 옮기는 일, 곧 힘쓰는 일은 여자인 아내가 하기 힘든 것이다.

아내가 바깥일의 중심이 되다 보니, 집 안에서 내가 하는 일들이 당연히 많아졌다. 아이들이 어릴 적에 등하교를 내가 시켰다. 아침을 먹이고 매일 아이들의 도시락을 쌌다(캐나다에는 학교 급식이 없다).

다른 집안일도 마찬가지이다. 집안일의 많은 부분을 내가 하지 않으면 안 된다. 가게를 시작한 이후 가족의 아침 식사는 늘 내가 준비했다(식당에서 일했던 경험이 큰 도움이 되었다). 점심은 바깥에서 해결하지 않으면 집에서 내가 만든다. 아내는 저녁 식사와 빨래를 맡고 있다. 그 외의 모든 일은 내 몫이다.

'일을 이렇게 나눠서 하자'고 일부러 정한 것은 아니다. 가게에서도, 집에서도 일은 자연스럽게 분담되었다. 업무 분담이 확실하지 않으면 비즈니스를 오래 할 수가 없다. 내 경험으로 보아 그렇다.

한국에서는 내 월급만 가지고도 우리 가족이 살 수 있었다.

캐나다에 와서 보니, 직장에 다니든 자영업에 종사하든 부부가 일을 하지 않으면 먹고살 수가 없다. 가장이라는 말이 가족을 부양하는 사람을 일컫는다면 캐나다에서의 가장은 부부 두 사람이다. 어느 면에서는 아내가 더 큰 가장이다.

주변을 돌아보면 '스몰 비즈니스'치고 아내의 역할이 작은 곳이 거의 없다. 업종에 따라 비중이야 다르겠으나, 스몰 비즈니스는 대부분 아내를 중심으로 돌아간다. 캐나다에 이민을 와서 가장 크게 바뀐 것을 하나 꼽자면 가정 내에서의 남녀 역할이다. 가정의 무게중심이 남편한테서 아내에게로 이동했다. 자영업자뿐 아니라 직장인 부부도 마찬가지이다. 내 주변을 돌아보면 그렇다.

## 이민자의 몸은 '재산'……
## 아프면 안 된다

이민 생활을 하면서 육체노동에 종사하면 몸만큼 중요한 재산도 없다. 이민 생활 초기에는 절대 아파서는 안 된다고 생각했었다. 믿을 것이라고는 건강한 몸밖에 없었기 때문이다. 이민 초기, 헬퍼로 일을 할 적에는 처음 하는 육체노동이라 아플 법도 했으나 힘들기는 해도 몸살이나 감기 한번 걸린 적이 없었다. 아마도 바짝 긴장을 해서 그랬을 것이다. 샌드위치점에서 헬퍼를 할 때는 허리를 다쳤다. 무거운 물건을 들다가 그랬다. 아침에 침대에서 내려오기도 어려울 정도로 허리가 끊어지듯 아팠다.

그래도 어떻게 해서든 가게에 나가야 했다. 내가 나가지 않으면 그날 배달에 큰 차질이 생겼다. 가게에 갔더니 주인은 내게 허리 아플 때 차는 복대를 내주었다. 복대가 가게에 있는 것을 보니, 허리 아픈 것은 일상적으로 생기는 일 같았다.

'스몰 비즈니스'란 그런 것이다. 규모가 작아서 누가 누구를 대체할 수가 없다. 한 사람이 아프면 그 손해를 고스란히 감수해야 한다. 10개월 동안 식당을 운영할 때도 마찬가지였다. 몸이 아무리 힘들어도 아프지는 않았다. 아파서는 안 되었다. 아내가 자꾸 체하는 것이 가장 큰 문제였다.

장사를 하는 데 어느 정도 이력이 붙으면서 사정이 좀 달라졌다. 한번 다친 허리는 매년 한두 번씩 문제가 생겼다. 허리가 한번 아프면 거의 일주일을 고생했다. 옷 장사를 시작하고 5년쯤 지났을 무렵이었다. 가게는 궤도에 올라 장사가 잘되는 편이었다. 캐나다에 이민을 와서 좀체 하지 않던 '방종'이 있었다. 이곳에서 사람들과 어울리는 것은 부부가 함께 주말에 다른 집을 방문하거나 식당에서 함께 만나는 식이었으나, 나는 서울에서 하던 것처럼 평일에도 술자리에서 사람들과 자주 어울리기 시작했다. 역시 서울에서처럼 술자리는 늘 2차로 이어졌다. 한동안 무리가 따랐다. 건강에 대해서만큼은 여전히 자신이 있었던 만큼 '관리'라는 것은 생각도 하지 않았다. 운동도 하지 않았고 건강 검진에도 별 관심이 없었다.

문득 가정의를 만나지 않은 것이 몇 년이나 되었나 따져봤더니 4년이 지나 있었다. 가정의를 찾아가서 기본 검사를 했다. 가정의한테서 바로 연락이 왔다. 간에서 이상이 발견되었으니 정밀 검사가 필요하다고 했다. 가정의는 피를 더 뽑아 검사 의뢰를 하고, 전문의 만날 약속을 잡아주겠다고 했다. 정밀 검사 결과를 들고 전문의를 만나러 가라고 했다.

검사 결과를 기다리는 일주일은 말 그대로 '피를 말리는 시간'이었다. 간과 관련된 것이니만큼 아파도 자각 증상이 없을 테고, 암과 관련된 것이어도 아무런 증상이 없을 수 있다는 것쯤 알고 있기도 했다. 다행히도 전문의는 간 수치가 높을 뿐 간경화나 암으로 진행되지는 않았다고 했다.

그는 나더러 "체중을 3킬로그램 빼고, 3개월 후에 피검사와 초음파 검사를 하고 다시 만나자"고 했다. 그렇게 몸무게를 줄이고, 전문의를 정기적으로 만나기 시작했다. 6개월 후에 같은 식으로 다시 만났더니, 수치가 정상으로 회복되었다고 했다. 지금은 같은 검사를 6개월에 한 번씩 하고 1년에 한 번씩 전문의를 만난다. 해마다 그를 만난 지 10년이 훌쩍 넘었다.

나는 대단히 운이 좋은 편이었다. 때마침 건강 검진을 하지 않고 방종한 생활을 계속했더라면 지금 나는 어찌 되었을지 모른다. 그때 이후, 나는 몸을 많이 사리는 편이다. 해마다 가정의를 만나 정기 검진을 하고, 위와 대장 내시경도 때가 되면 반드시 한다. 어디에 살든 정기적인 검사를 통해 병을 예방할 나이가 되기도 했지만, 이민자로서 외국에 살면 한국에 사는 한국 사람보다는 좀 더 절박해지는 것이 있는 것 같다. 기댈 곳이 없다는 생각은 여전하다. 서울에서 자영업을 하는 친구를 만나 이야기하면서 다시금 확인한 것이기도 하다.

## 못다 한 이야기

**식당 8개월, 옷가게 20년.** 우리가 식당을 운영한 기간은 옷가게에 비할 바 없이 짧다. 그러나 장사를 하며 겪은 어려움으로 말하자면 식당 8개월이 옷가게 20년을 압도한다. 지금도 식당을 생각하면 비 오듯 땀을 흘리며 주방을 부리나케 뛰어다니던 아내의 모습이 머리에 떠오른다. 우리는 잠시도 가만히 있었던 적이 없다. 일 자체만으로도 힘들었거니와, 캐나다에 와서 처음으로 했던 비즈니스여서 기억이 더욱 강렬할 것이다.

패스트푸드 식당을 하면서 마음에 걸리는 것이 하나 있었다. 이탈리아 음식 맛이었다. 우리 가게의 주메뉴는 이탈리아 음식이었는데, 식당을 하기 전에는 이름도 모르던 것들이 대부분이었다. 식당을 셋업한 이탈리아 사람한테서 가게를 인수하면서 한국 사람이 레시피를 물려받았고, 그 사람에게서 우리가 또 물려받았다.

문제는 이탈리아 음식 본연의 맛을 우리가 모른다는 사실이다. 진짜배기 된장 맛을 이탈리아 사람이 모르는 것과 마찬가지이다. 레시피대로 음식을 만든다고는 하지만 늘 '이 맛이 맞기는 한 건가' 하는 의구심을 떨칠 수 없었다. 음식을 팔면서도 늘 불안불안했다. 가게 손님 중에 이탈리아 사람이 별로 없는 것이 그나마 다행이었다. 우리가 식당을 팔고 나온 것은 더 다행이고.

**캐나다에 살러 와서 초기 몇 년간은 여러 모로 신산했다.** 그 고되고 쓰린 시간은 새로운 곳에 적응을 하기 위한 통과의례 기간이라고 할 수 있다. 월급쟁이에서 자영업자로 한국에서 전업을 했어도 마찬가지였을 것이다. 달콤한 적응이란 것은 없다. 내가 캐나다에 올 즈음 대기업에 다니던 한 선배는 강원도로 내려가 사과 농사를 짓기 시작했다. 그는 농사 지은 지 20년이 넘었다면서 농부로서 살아온 이야기를 어느 신문에 길게 적었다. 글의 내용이나 분위기가 캐나다에 와서 내가 겪은 것과 비슷했다. 신기했다.

**노동요.** 2025년 봄 한국에서 제21대 대통령 선거 유세를 할 즈음, 이재명 후보가 노래하는 영상을 우연히 본 적이 있다. 유튜브 채널 '공부왕찐천재홍진경'이 만든 '쇼츠'였다. 노래 제목은 하남석의 「밤에 떠난 여인」. 이 노래를 1976년 겨울에 배웠다고 했다. 그는 나와 동갑내기이니, 내가 중학교 1학년 때 나온 노래이다. 그해 겨울 그 노래가 얼마나 크게 유행했는가 하는 것을 나는 지금도 선명하게 기억하고 있다. 일부러 배우지 않았던 나도 저절로 따라부를 정도였다. 이 대통령은 공장 친구한테서 이 노래를 배웠고, 그가 배운 첫번째 유행가라고 했다. 공장에서 '철야'하고 새벽 2시에 일이 끝나면 통금이 해제되는 4시까지 기다려야 했는데, 「밤에 떠난 여인」을 부르며 시간을 때웠다고 했다. "새벽녘 소년 이재명을 살게 한 노래"라고 했다.

1970년대 중반 당시, 우리 집은 서울 구로공단 근처 독산동에 있었다. 공단 배후지역인 우리 동네에는 공장에서 일하는 젊은 노동자들이 많이 살았다. 동네 주택가에 작은 봉제 공장들이 여럿 있었다. 우리 집 지하에도 공장이 있었는데, 라디오의 유행가 소리가 출입문 바깥으로 늘 흘러나왔다. 우리 동네에 있던 공장들은 모두 그랬다.

청년 노동자들은 무리지어 길을 걸으면서 노래를 부르곤 했다. 당시 그들에게는 길거리가 노래방이었다. 「밤에 떠난 여인」에 이어 장계현의 「나의 20년」, 사랑과평화의 「한동안 뜸했었지」 같은 최신 유행가들을 나는 지겹도록 들었다. 나는 자연스럽게 따라 부를 수 있었다. 노래는 저절로 흡입되었다. 당시 우리 동네에서 대중가요와 견줄 만한 문화는 없었다. 사방에서 노랫소리가 들렸다. 우리 옆집 전파사도, 아랫집 복덕방도 유행가가 나오는 라디오를 온종일 틀어놓았다.

특히 공단 지역에서 대중가요가 그렇게 유행하고 널리 불린 이유를, 기자가 되어 대중음악 기사를 쓰면서 어렴풋이 알게 되었다. 당시 노동자들은 유행가를 일종의 노동요로 듣고 불렀던 것 같다. 일할 때의 지루함을 덜어주고 집중력을 높여줄 뿐만 아니라 육체적 고통도 잠시 잊게 해주는 바로 그 노동요 말이다. 예전 농부나 어부들이 고된 노동을 하며 부르던 노래(민요)가 근현대에 와서 대중가요로 바뀌었을 뿐이다.

나는 토론토에 와서도 '노동요'와 같은 대중음악을 경험했다. 샌드위치점과 베이커리 카페에서 헬퍼로 일할 때였다. 샌드위치점 주방에서는 남자 주인이 록 음악 카세트테이프를 틀었고, 베이커리 카페 지하의 빵 굽는 공장에서는 내 전임 베이커가 FM 라디오를 하루종일 시끄럽게 켜놓았다. 샤니아 트웨인과 본 조비의 노래는 하루에도 몇 번씩이나 들을 수 있었다.

이민 초기, 내가 8개월 동안 운영했던 식당에서는 FM 라디오가 24시간 내내 켜져 있었다. 전 주인이 그렇게 해둔 것이다. 라디오 주파수는 '이지 리스닝'이 나오는 97.3MHz에 맞춰져 있었다. 자주 들을 수 있는 노래 중에서 셀린 디옹의 「유 앤 아이」와 존 레논의 「이매진」이 참 좋았다. 셀린 디옹의 시원한 목소리는 답답한 속을 후련하게 해주었다. 「이매진」을 들으면 마음이 편안해졌다. 그때 들었던 노래를 지금 접하면 불안하고 몸이 힘들었던 당시의 감정이 떠오른다.

옷가게에서도 음악(주로 빠른 템포의 댄스 음악)을 틀어놓지만, 몸으로 힘든 일을 할 때만큼의 '감흥'은 없다. 가게에서 일하는 사람이 아니라 쇼핑하는 손님들을 위한 음악이니까. 아바 노래가 나오면 필리핀 손님들은 춤을 춘다.

**소상인의 시대는 갔다.** 예전에는 미국이나 캐나다의 한국 이민자 하면 '장사하는 사람'이라는 이미지가 떠올랐다. 그만큼 많은 사람들이 자영업에 종사했다. 달리 할 일을 못 찾아서 자영업자가 된 사람도 있겠지만, 멀쩡한 직장을 그만두고 돈을 벌려고 자영업자가 된 사람들도 많았다. 한국에서 가져온 돈은 없고(1970년대에는 1인당 200달러 이상 가지고 나올 수 없었다), 직장인 월급은 빤하니 돈을 벌어 집이라도 장만하려면 장사를 해야 했다. 그것이 가능했던 이유는 '소상인 전성시대'가 꽤 오랫동안 지속되었기 때문이다. 2000년 이전의 이야기이다. 내 주변에도 과거 좋은 직장을 그만두고 편의점이며 샌드위치점 같은 자영업에 뛰어든 선배들이 여럿 있다.

지금은 장사를 해도 예전처럼 돈을 벌지 못한다(내가 모르는 일부 예외는 있을 것이다). 내가 이민 왔던 2000년대 초반만 해도 한국인들이 경영하는 편의점이 2천 개에 가까웠다. 캐나다 온타리오주에서만 그랬다. 지금은 그 절반도 되지 않을뿐더러, 토론토에서는 한국 사람이 운영하는 편의점을 찾아보기가 어렵다.

편의점뿐만 아니라 어떤 업종이 되었든 프랜차이즈가 아닌 개인 비즈니스는 토론토에서 거의 소멸했다고 보면 된다. 우리 가게만 해도 지하철역이라는 '틈새'에 있어서 생존이 가능했다. 소상인으로서 나는 거의 막차를 탔다.

독립된 개인의 가게들이 사라진 것은, 대자본이 소상인의 영역을 야금야금 잠식해 들어와 지금은 완벽하게 점령해버렸기 때문이다. 어떤 업종이 되었든 프랜차이즈가 아닌 것이 없다. 주변을 둘러보면 한국 식당이나 일식집 같은 일부 요식업을 빼고 나면 소상인이 설 자리는 없다시피 하다. 개인이 하는 가게가 남아 있다 해도, 소비자들의 쇼핑 방식이 다양해져서 매출이 예전 같지가 않다. 장사를 해서 돈을 많이 벌었다는 북미 이민자의 성공담은 앞으로 듣기 힘들 것이다. 상황이 이러하니, 예전과 반대로 토론토에 사는 젊은 한국인 대부분은 직장에 다닌다.

얼마 전에 우리가 8개월 동안 운영했던 식당에 가본 적이 있다. 그 가게를 넘기고 난 후 처음 방문하는 것이었다. 나에게 가게를 인수한 주인은 8년 후 다른 사람에게 팔았다는 이야기를 들었다. 식당은 사라지고 그 자리에 약국이 들어서 있었다.

장사가 되지 않으니 식당 문을 닫았을 것이다. 코로나19, 배달 음식, 재택근무의 여파일 것이다. 해당 빌딩 손님을 독점하던 그 식당마저 문을 닫은 것을 보면 이제는 개인이 하는 작은 식당은 대부분 사라졌다고 보면 된다.

**한 번 더 말한다. 캐나다 자영업의 중심은 여성이다.** 이러한 사실을 잘 드러내는 행사가 토론토에 있(었)다. 캐나다 온타리오주 한국인 편의점 사장들의 모임인 온타리오한인실업인협회(1973년 창립)가 해마다 열어온 성대한 행사이다. 그 이름이 다름 아닌 '여성의 밤'이다. 행사 이름에 다른 수식어는 없다. 그냥 '여성의 밤'이다. 이 행사를 한 번 여는 데 10만 달러(1억 원) 이상의 비용이 든다고 했다. 한국에서 유명 가수들을 초청해서 여성들, 좀 더 정확하게 말하면 편의점 업주의 부인들이 이 행사를 즐겼다.

편의점 업주로 등록된 사람 대다수는 남성들인데, 왜 '남성의 밤'도 아니고 '업주의 밤'도 아니고 '여성의 밤'일까. 편의점업에 종사하면서 여성(아내)이 남성(남편)보다 노고가 크기 때문일 것이다. '여성의 밤'이라는 간명한 이름을 보면 여성들의 노고를 위로하려는 뜻 외에 다른 것이 있을 수가 없다.

편의점뿐만 아니라, 캐나다 자영업의 모든 업종은 여성을 중심으로 움직인다고 해도 틀린 말이 아니다. 아쉬운 것은 한인들이 편의점 업계를 떠나면서 '여성의 밤' 또한 열리지 않거나 크게 축소되었다는 사실이다.

**역지사지**라는 말이 있다. 상대편과 입장을 바꾸어 생각하라는 뜻이다. 가게를 하면서 이 말을 자주 떠올리게 된다. 다른 가게에 가면 조심스럽게 행동한다. 다른 옷가게에서 손에 들었던 옷을 구입하지 않는다면, 있던 자리에 잘 정리해두고 나온다. 일하는 사람에게 가능하면 말을 걸지 않는다. 궁금한 것이 있어도 최소한으로 묻는다. 같은 질문을 두 번 하지 않는다. "깎아달라"는 말은 거의 하지 않고, 어쩌다 하더라도 한 번으로 끝낸다. 다음이 중요하다. 가게에 들어가서 길을 묻지 않는다. 서울에 가서도 그랬다.

이민자뿐만 아니라 캐나다에 사는 사람, 특히 **남자들은 거의 대부분 핸디맨이다.** 집이든 가게든 수리할 것이 있으면 어떻게든 본인이 해결하려고 노력한다. 인건비가 비싸기 때문이다. 나도 가게에서 생겨나는 거의 모든 고장은 내가 수리한다. 전등을 갈아 끼우는 것 정도는 일이라 부르기도 어렵다. 형광등 박스가 고장 났을 때 기술자를 부른 적이 있다. 재료비의 7배에 해당하는 공임을 달라고 했다. 기술자가 고치는 것을 잘 봐두었다가, 다음부터는 형광등 박스를 열고 내가 직접 고친다. 고장 난 것이 있다고 해서 사람을 부르는 경우는 이제 거의 없다.

**캐나다에는 직장에서 물러날 나이, 곧 정년이라는 것이 없다.** 공무원도, 일반 직장인도 마찬가지이다. 자영업자는 말할 것도 없다. 자기가 하고 싶을 때까지 일을 하고, 그만하고 싶을 때 은퇴한다. 강제로 퇴직하는 것이 아니라, 정년을 자기 스스로 정한다는 얘기다(물론 해고 등으로 강제 은퇴당하는 경우를 제외한 이야기다). 그래서 주변을 보면 은퇴 시기가 지났는데도 여전히 일을 하는 사람들이 많다. 은퇴한 사람들이 다시 일을 하는 경우도 더러 보았다. 보통 "알바를 한다"고 말한다. 노는 게 지겹고 심심해서 용돈벌이라도 한다는 것이다. 무슨 일을 하든 남의 눈을 조금도 의식하지 않는다. 캐나다에 살면 그것 하나는 정말 속 편하다.

**은퇴 이후의 삶을 가끔씩 생각한다.** 월급쟁이는 언제 해고당할지 몰라 불안하다지만 자영업자는 외부 환경 변화로 언제 가게 문을 닫게 될지 몰라 불안해한다. 나로서는 지금 당장 은퇴를 한다 해도 크게 억울해할 나이가 아니다 보니(캐나다에서는 주로 노령보장연금(Old Age Security Pension)을 받기 시작하는 65세를 은퇴 시기로 삼는다) 그런 불안감이 조금씩 줄어드는 것도 사실이다. 한편으로는 은퇴 이후의 시간을 생각해보기도 한다.

(아마도 은퇴를 한 이후) 도쿄 화장실 청소부로 일하는 어느 노인의 단정한 일상을 그린 영화 「퍼펙트 데이즈」(빔 벤더스 감독, 2024)를 보면서 가장 인상적으로 눈에 들어온 것은 주인공 히라야마의 '아날로그' 취미 생활이었다. 그는 카세트테이프로 흘러간 팝송을 즐기고, 헌책방에서 문고본 책을 구해 잠자리에서 읽는다. 필름 카메라로 매일 사진을 찍고 현상소에서 인화해 앨범에 정리한다. 영화를 보면서 나는 어떤 취미 생활을 할 수 있을까를 꼽아보았다. 「퍼펙트 데이즈」의 히라야마처럼 아날로그형 취미라면 더 근사할 것 같다.

먼저, 책 읽기이다. 예전에 이민 가방에 넣어온 책 가운데 아직 읽지 않은 '무거운' 것들이 많이 남아 있다. 그런 책들은 죽기 전에는 통독을 해야겠다고 마음먹고 있다. 신간을 구해 읽는 것도 이제는 그다지 어려운 일이 아니다. SNS를 통하면 정보도 쉽게 접할 수 있다.

다음은 LP로 음악 듣기. 역시 이민 짐에 넣어온 한국 대중음악 음반이 듣기에 부족하지 않을 만큼은 있다. 과거, 담당 기자로서 나름 선별한 음반들이라 요즘도 무슨 계기가 생길 때마다 꺼내 듣는다. 가장 최근에 반복해 들었던 것은 김민기 음반이었다. 클래식 LP 음반으로 말하자면, 토론토는 가히 천국이라고 해도 무방하다. 중고가게에 가면 장당 2달러짜리가 고르기가 어려울 정도로 널려 있으니.

겨울철 트레일 걷기. 캐나다 동부에는 산이 없는 대신 숲속의 트레일이 많다. 은퇴 후에 즐길 수 있는 일 가운데 하나가 이런 트레일 걷기다. 겨울에 걷는 맛이 특히 좋다.

그래도 심심하면 매일 기타를 튕기면 된다. 마음 맞는 사람들끼리 여름에는 골프를 쳐도 되고(다행히도 골프장이 많고 가깝고 비용이 별로 들지 않는다. 게다가 60세가 넘으면 대폭 할인해준다), 겨울에는 트레일을 걸으면 된다.

앞서 은퇴를 한 선배들을 보면 여행을 많이 다닌다. 친구들과 어울리기도 하고, 단출하게 부부 두 사람이 떠나기도 한다. 여행을 계획하고 다녀오는 것이 일상에서 큰일에 속한다. 거기에 더하여, 나는 코로나19 팬데믹 이후 1년에 한 번은 한국에 가려고 애를 쓴다. 가장 최근 한국에 갔을 때는 처음으로 '내가 여행을 왔구나'라는 생각이 들었다. 한국은 나 같은 이민자에게 아주 특별한 여행지이다. 이런 특별한 여행지는 외국에 사는 나 같은 한국 사람만이 누릴 수 있는 특권이다. 뭐니 뭐니 해도 관건은 건강이다.

**20년 넘게 살아보니 캐나다가 한국보다 좋다, 나쁘다라는 생각이 아예 들지 않는다.** 이곳에 좋은 것이 있고, 한국에 좋은 것이 있다. 그 반대도 마찬가지이다. 사람 사는 곳은 똑같고, 거기서 거기라는 얘기다. 지금으로서는 캐나다가 편하다. 여기에 집이 있고, 또 익숙하기 때문이다. 지금의 한국은 낯설다. 한국은 너무 변해서 이제는 '말 잘 통하는 외국' 같은 느낌이 든다. 그렇다고 캐나다에 계속 살겠다고 단언은 못하겠다. 인생은 어찌 될지 모르는 일이다. 요즘도 나는 가끔씩 생각한다. '내가 여기 왜 있지?' 하고.

**감사 인사 드린다.** 우리가 낯선 땅 토론토에서 옷가게를 열고 운영할 수 있었던 것은 순전히 김종성 선배님과 정성희 사모님 덕분이다. 두 분에 대한 존경과 감사하는 마음은 시간이 지날수록 점점 더 커진다. 아내 서향남의 노고와 희생이 없었더라면 가게 운영이 불가능했을 것이다. 아내는 언제나 비즈니스의 중심에 있었다. 마지막으로, 강출판사 편집부에 감사한다.

**아침 7시에 여는 옷가게**
―캐나다에서 자영업자로 살기

ⓒ 성우제

| | |
|---|---|
| 1판 1쇄 발행 | 2025년 11월 7일 |

| | |
|---|---|
| 지은이 | 성우제 |
| 펴낸이 | 정홍수 |
| 편집 | 김현숙 이명주 |
| 펴낸곳 | (주)도서출판 강 |
| 출판등록 | 2000년 8월 9일(제2000-185호) |

| | |
|---|---|
| 주소 | 서울시 마포구 동교로17안길 21 (우 04002) |
| 전화 | 02-325-9566 |
| 팩시밀리 | 02-325-8486 |
| 전자우편 | gangpub@hanmail.net |

값 15,000원
ISBN 978-89-8218-371-3   03810

* 이 책의 판권은 지은이와 도서출판 강에 있습니다.
  이 책 내용의 전부 또는 일부를 재사용하려면 반드시 양측의 서면 동의를 받아야 합니다.
* 잘못 만들어진 책은 구입처에서 교환해드립니다.